フェーズフリー

PHASE FREE

「日常」を超えた価値を創るデザイン

佐藤唯行

一般社団法人フェーズフリー協会代表理事

SE
SHOEISHA

はじめに

「備えられない」という社会課題

この本を開いたあなたは、今、どこにいますか？　駅前の本屋さん、通勤電車のなか、それとも自宅のベッドの上でしょうか。

もし今ここで災害が発生したら、どんなことが起こるでしょう。少し想像してみてください。

たとえば、震度7の地震が発生したとします。立っていられない程の激しい揺れと同時に、こちらに向かって倒れてくる本棚。間一髪でそれを避けたあなたは、揺れが落ち着いたのち、安全な場所へ避難しようとします。

でも、どこが安全で、どこが危険なのかもわかりません。路上には倒壊した建物の瓦礫が散乱しており、道路はいたるところが陥没しています。どうやら、怪我人も多数出ているようです。

季節は冬。なんとか歩いて避難所まで辿り着いたものの、クタクタになった身体を休めることはできません。避難所は電気・水道・ガスが止まっており、暖を取るどころか、夜間の灯りすらつかない状況です。真っ暗な避難所に響き渡る、お腹を空かせた赤ちゃんの泣き声。ミルクを作るためのお湯すら沸かせないのです。

徐々に被害状況が明らかになるとともに、さまざまな不安が襲います。家族や友人は無事だろうか……。いったい、いつになったら日常生活に戻れるのだろうか……。

そんなとき、あなたはどうしますか？　あなたの生活を、大切な人の暮らしや命を守ることはできますか？

冒頭から脅かすようなことを言ってしまって、すみません。誰だって、「今ここで、災害が起きたらどうしますか？」と尋ねられても、うまく答えられないでしょう。無理もありません。なぜなら「非常時」というものは、私たちが今、なにげなく過ごしている「日常時」の世界と紙一重であるにもかかわらず、想像もしないことが次々と起こる、全く異なった世界だからです。

自分がまったく経験したことのない状況をイメージするのには、限界があります。ましてや、そうした事態にむけて準備や対策をするのは簡単なことではありません。

いざという時のために、防災セットや非常食などを用意しているという方はいるかもしれません。しかし、自信を持って「何が起きても絶対に大丈夫だ」と言い切れる人は少ないのではないでしょうか。それもそのはず。**何が起こるか想像できない以上、「これさえ備えておけば大丈夫」と言い切ることは、原理的に不可能**だからです。

もちろん、あらゆる可能性を想定して、ありとあらゆるものを備えるという方法もあります。しかし、それも簡単ではありません。日常の生活を懸命に送っている私たちが、いつ訪れるかわからない「もしも」のためだけに投資できるお金や時間には、限りがあるからです。「日常時の生活を犠牲にして、非常時に備えろ」というのは、おかしな話でしょう。「備える」ことは、難しい。そう、私たちは「備えられない」という社会課題を抱えているのです。

しかし今、そうした社会が少しずつ変わり始めています。

キーワードは「Phase Free（フェーズフリー）」です。

フェーズフリーとは、「日常時」と「非常時」という2つの社会状況（フェーズ）から自由（フリー）になり、「いつも」を豊かにする物が、「もしも」においても暮らしと命を支えてくれるようにデザインしようという、防災にまつわる新しい考え方のことです。

具体例を紹介しましょう。たとえば、トヨタ自動車の「プリウスＰＨＥＶ」という車があります。ＰＨＥＶ（プラグインハイブリッド車）とは、ガソリンを使用するエンジンを搭載しつつ、外部から供給した電源でも走行できる、ハイブリッドな車のことです。

この車の凄いところは、燃費の良さだけではありません。実はこの車、災害などによる停電が発生した際には、搭載された大容量のリチウムイオンバッテリーが蓄電池として機能するほか、エンジンを作動させれば発電機としても利用可能になっています。そう、日常時だけでなく、非常時にも役立つように設計されているのです。

プリウスPHEV

　もうひとつ、例をご紹介します。「アシックスランウォーク」という商品をご存じでしょうか？

　これは一見、洗練されたフォーマルなビジネスシューズですが、スポーツシューズ開発で培われた、衝撃緩衝材やクッション性に優れた中敷などが採用されており、「走れるビジネスシューズ」として、1994年の発売以来、ロングセラーとなっている商品です（P7写真）。

　この機能は、日常時の快適な履き心地や歩きやすさはもちろん、非常時にも価値を発揮します。たとえば災害によって徒歩での帰宅を余儀なくされた際などに、足への負担や衝撃を軽減し、瓦礫やひび割れで不安定な路上でも比較的容易に歩くことができるのです。

誰もが非常時に備えて、大型の蓄電池や、徒歩で帰宅する用の靴などを用意するのは難しいかもしれません。

それならば、非常時を起点に考えるのではなく、日常時を起点として、普段の生活で便利なものを、非常時にも価値が発揮されるようにデザインすればよいのではないか。そうしたデザインが普及していけば、たとえ備えることが難しくとも、「**いつの間にか備わっている社会**」の実現が可能なのではないか。

フェーズフリーはそうした、「備えられない」ことからはじめる、新しい防災の考え方なのです。

本編で詳しく紹介しますが、近年、このフェーズフリーを採用した商品やサービス、施設などが次々生まれており、メディアなどでも取り上げられることが増えています。「防災」の枠を超え、あらゆる領域に広がりつつあるのです。

みなさんご存じのとおり、日本は「災害大国」とまでいわれるほど災害の多い国です。そのため、防災工学の研究が盛んに行われており、これまで、さまざまな研究者によって優れた知見が蓄積され続けています。

わたし、筆者の佐藤唯行も、学生時代から防災工学を学び、さまざまな災害現場で調査を行い、より良い防災のあり方を探求してきました。そして同時に、防災工学がどんなに解決策を提示しても、危機感に訴えても、どうしても届かない、そうした知見や解決策が活用されない現実も知りました。

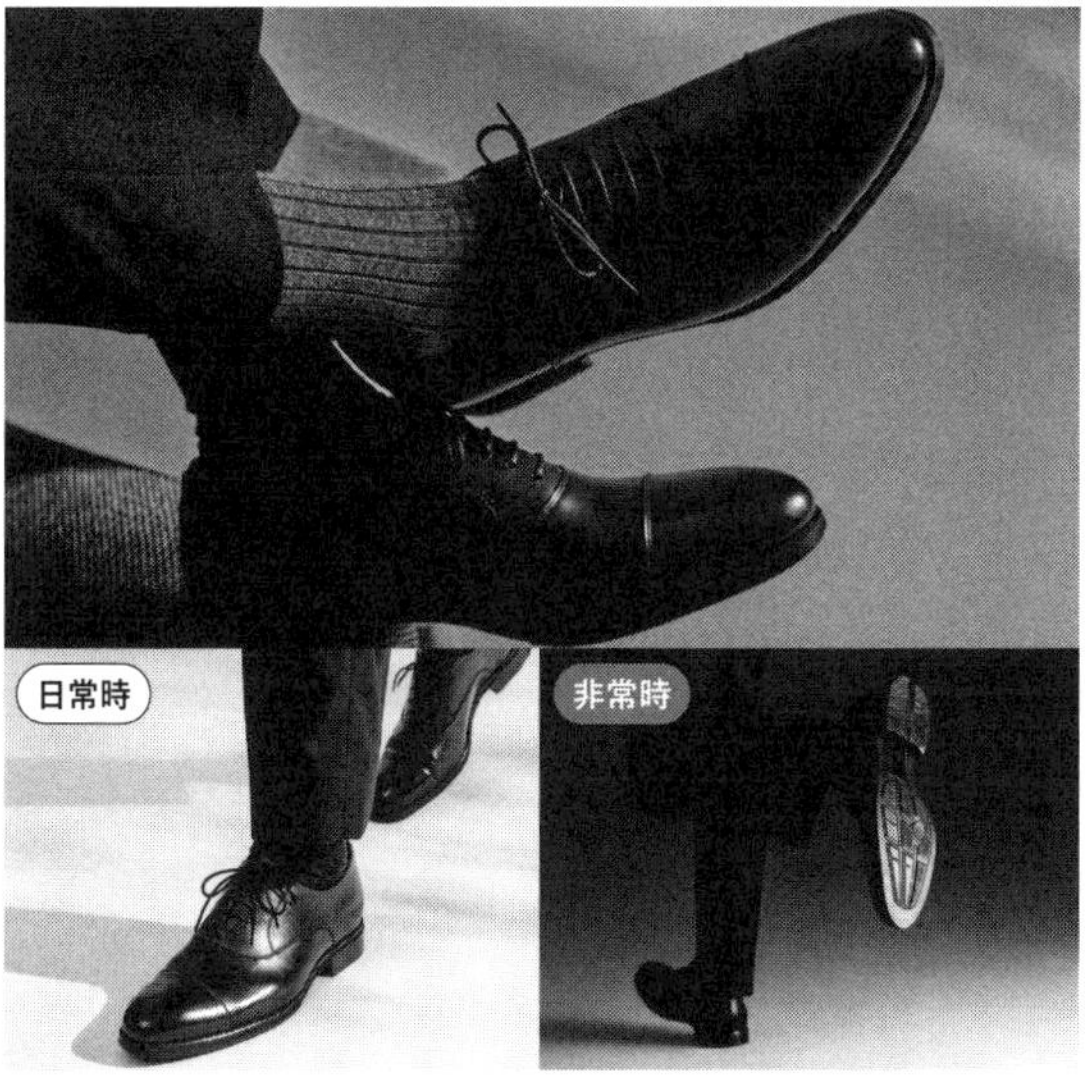

アシックスランウォーク

これまでの「防災」は、冒頭でわたしが語りかけたとおり、危機感や恐怖に訴えるものが大半でした。誰ひとりとして、今この瞬間、大切な人を災害によって亡くしたいと思っている人はいないはずです。だからこそメディアも災害が起こるたびに危機感に訴えてきましたし、人々はそうした報道を目にするたびに、誰もが「しっかり備えなければ」と考えてきました。しかし時が経てば、その意識はどうしても薄れていってしまう。

とはいえ、それは責められるべきものではありません。私たちは、いま、この日常を精一杯に生きています。いつ必要になるかわからない非常時の備えよりも、日常の生活、日常の価値が優先されてしまうのは、自然なことでしょう。

しかし**「フェーズフリー」であれば、こうした課題を解決することが可能**です。日常を犠牲にせずに、いや、ビジネスという持続可能なかたちで日常を豊かにしながら、同時に非常時の課題を解決していくことができるのです。

本書は、フェーズフリーの基本的な考え方や開発方法などを、みなさんの商品開発や事業展開などに役立てていただくことを目的として執筆しました。フレームワークや具体的な事例などを交えながら、実践的に紹介していきます。

本書を読み終わった頃、あなたのなかには、日々の業務やビジネスを飛躍させる、素晴らしいアイデアの数々が生まれているはずです。

もしあなたが「日常時」だけでなく「非常時」をも視野に入れて商品開発やデザインに取り組めば、普段のビジネスや事業の価値を高めることができるだけでなく、結果として、より多くの人々の生活や命を支えることが可能になります。

その先にあるのは、誰もが、いつどんなときにも安心して豊かに暮らせる、「災害」という社会課題が解決された未来です。

本書が、その第一歩としてあなたの背中を押し、フェーズフリーな社会を実現するステップとなることを期待してやみません。

＊

本書の大半を書き終えた2024年1月1日、石川県能登地方を中心とした、大規模な地震が発生しました。お亡くなりになられた方々にお悔やみ申し上げるとともに、被災されたみなさまへ、心よりお見舞い申し上げます。

※本書の売上の一部は被災地へ寄付されます

第2章 創発の現場から 047

第3章 フェーズを超えたニーズを探る 095

第4章　フェーズフリーのつくり方　137

第5章｜誰も取り残さず未来に進むために

第1章

「社会課題」としての「災害」

無力感は、どこから来るのか

フェーズフリーについて考える前に、まずは「災害」について考えていきましょう。日本に暮らす私たちは、他の国と比べると少しだけ、災害について考える機会が多いかもしれません。

多くの人にとって鮮明な記憶として残っているのは、やはり2011年3月11日に起こった東日本大震災でしょう（ここからは、人によっては読み進めるのが辛いかもしれません。休憩をとりながら、無理のないペースで読んでいただけると嬉しいです）。

2011年3月11日の14時46分、宮城県牡鹿半島沖を震源とするマグニチュード9・0の地震が発生し、広範囲で震度6強の地震が観測されました。地震発生からほどなくして、各地に大津波が襲来。1万5900名もの人が亡くなり、本原稿を執筆している2023年現在も、2523名もの方が行方不明となっています。[1]

また、その被害は東北地方を中心とする人命だけには留まりませんでした。たとえば千葉県の一部や東京の埋め立て地域などでは、地盤の液状化が発生し、上下水道などが損壊するほか、多くの住宅が傾くなど、大きな被害が出ました。東京湾臨海部では石油コンビナート火災も発生しています。また都心部では、そうした大きな被害には遭わずとも、「公共交通機関が麻痺し、徒歩での帰宅を余儀なくされた」「大規模な通信規制により、家族との連絡が取れず困った」という方は多いのではないでしょうか。

ほかにも２０１６年４月14日に起こった熊本地震、１９９５年１月17日の阪神淡路大震災、１９９３年７月12日の北海道南西沖地震。また、災害は地震に限りません。２０１９年10月12日の令和元年台風19号や、２０１８年７月の西日本豪雨による水害被害。１９９５年３月20日に起こった地下鉄サリン事件なども、人為災害といえるでしょう。

このような災害に、わたしは防災工学を研究する者として、あるいは復旧・復興事業者として関わってきました。被害が発生するメカニズムを分析し、もうこれ以上、災害を繰り返さないためです。そして実際に、地震に強い建物の構造や、水害を起こさないためのインフラ整備、災害に強い都市計画、被害が起きにくい地域社会づくりなど、防災に携わる者として、さまざまな提案を行ってきました。

けれどもそれらの提案が、まちづくりや建築に実装されることは、そう多くありません。それでもなんとかしようと足掻いている間に、再び災害が発生。そうやってデジャヴのように繰り返される被害の光景を目の当たりにするたびに、一人の人間として、わたしは毎回大きな無力感に襲われてきました。なぜ、災害は繰り返されてしまうのだろう。なぜ、多くの人たちが繰り返しのように苦しみ、傷つき、亡くなっていくのだろう、と。

地震による大きな揺れで、一瞬にして家屋が倒壊し、瓦礫に押しつぶされ亡くなった人。瓦礫の中で身動きが取れず、燃え広がる火災に命を奪われた人。瞬く間に押し寄せた津波にあたり一帯を根こそぎ破壊され、大切な人も記憶もすべて沖合へ流された港町。こうした光景が、これまで、どれだけ繰り返されてきたことか。

ここで、少し視野を広げてみましょう。日本から世界へ、そしてこの30年から100年へ。20ページの図表は、東日本大震災までの100年間、1910年代以降に世界各地で起こったさまざまな災害を一覧にしたものです。

あれほど私たちを絶望と恐怖に陥れた東日本大震災のわずか1年前、2010年のハイチ地震では約22万人もの人が犠牲になっています。2004年のスマトラ地震では約24万2000人、1991年のサイクロンではバングラデシュで約13万9000人もの人が亡くなっています。1923年の関東大震災では約10万5000人。さらに1939〜45年の第二次世界大戦では（諸説ありますが）、全世界で約5354万7000人もの命が失われたと言われています。人類は有史以来、何度も何度も、同じような被害に遭ってきたのです。

こうした災害に対し、私たちはなす術もなく、ただ茫然と立ち尽くすしかないのでしょうか。

阪神淡路大震災（1995年 写真：毎日新聞社/アフロ）と 熊本地震（2016年 写真：AP/アフロ）

西日本豪雨（2018年 写真：読売新聞/アフロ）と 令和元年台風第19号（2019年 写真：毎日新聞社/アフロ）

HazardとDisaster

どうすれば、繰り返す災害という課題を解決できるのか。人々の命を守ることができるのか。それを考えるにあたって、まずは「災害」がどうして起こるのか、そのメカニズムを明らかにしておきましょう。

想像してみてください。今あなたのいる場所で震度7の地震が起これば、どうなりますか？ 確実に甚大な被害が生じますよね。家でくつろいでいるとき、電車で移動しているとき、本棚の前でこのページを開いているとき……。想

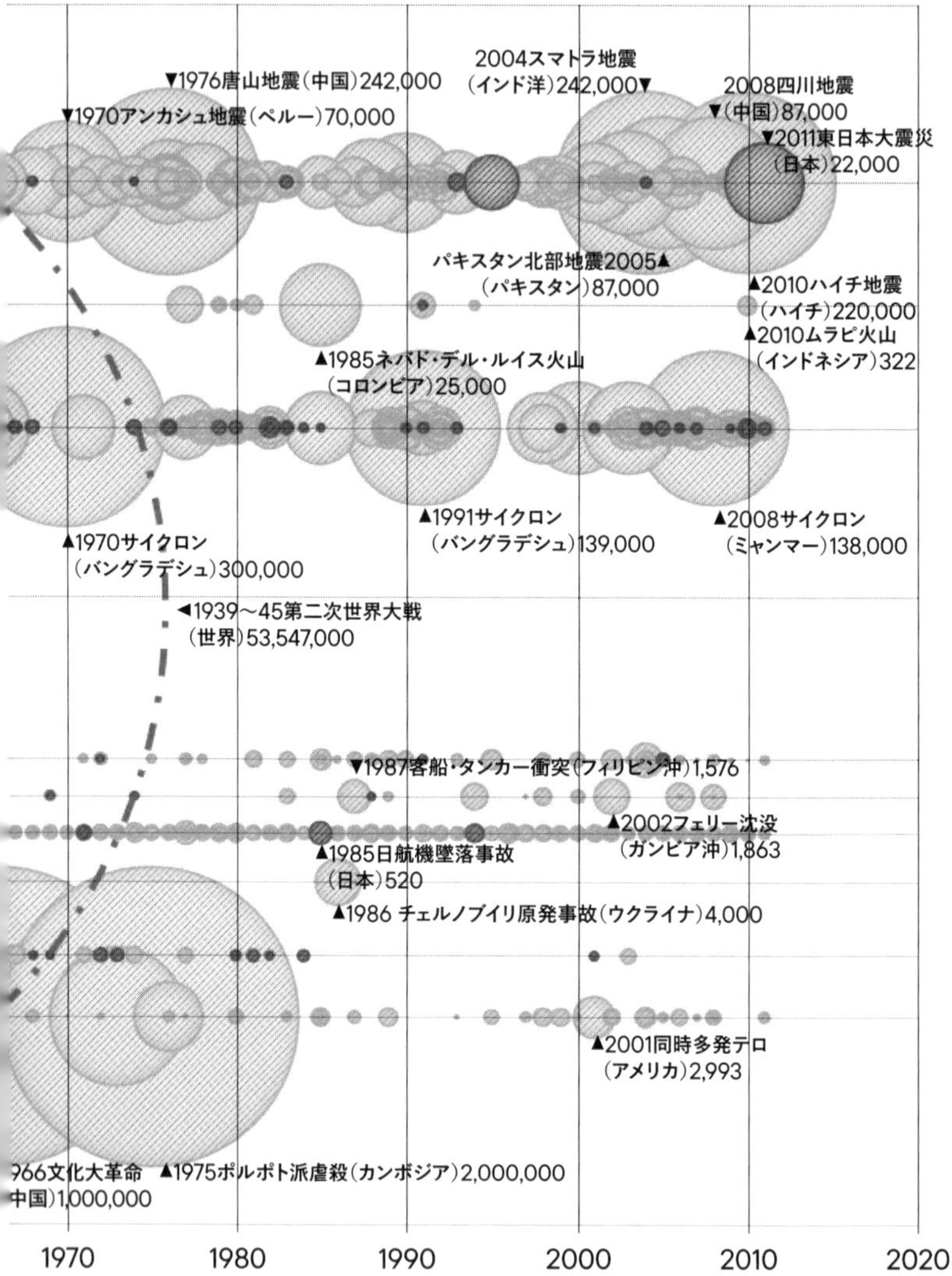

データラベル　▼ 発生年, 災害名, （場所）, 死者・行方不明者数
バブルチャート 死者・行方不明者数は径の3乗に比例。●海外 ●国内
※自動車、病原体、戦争・紛争による災害は除く。第2次世界大戦は参考として記載。
　死者・行方不明者数は諸説あり

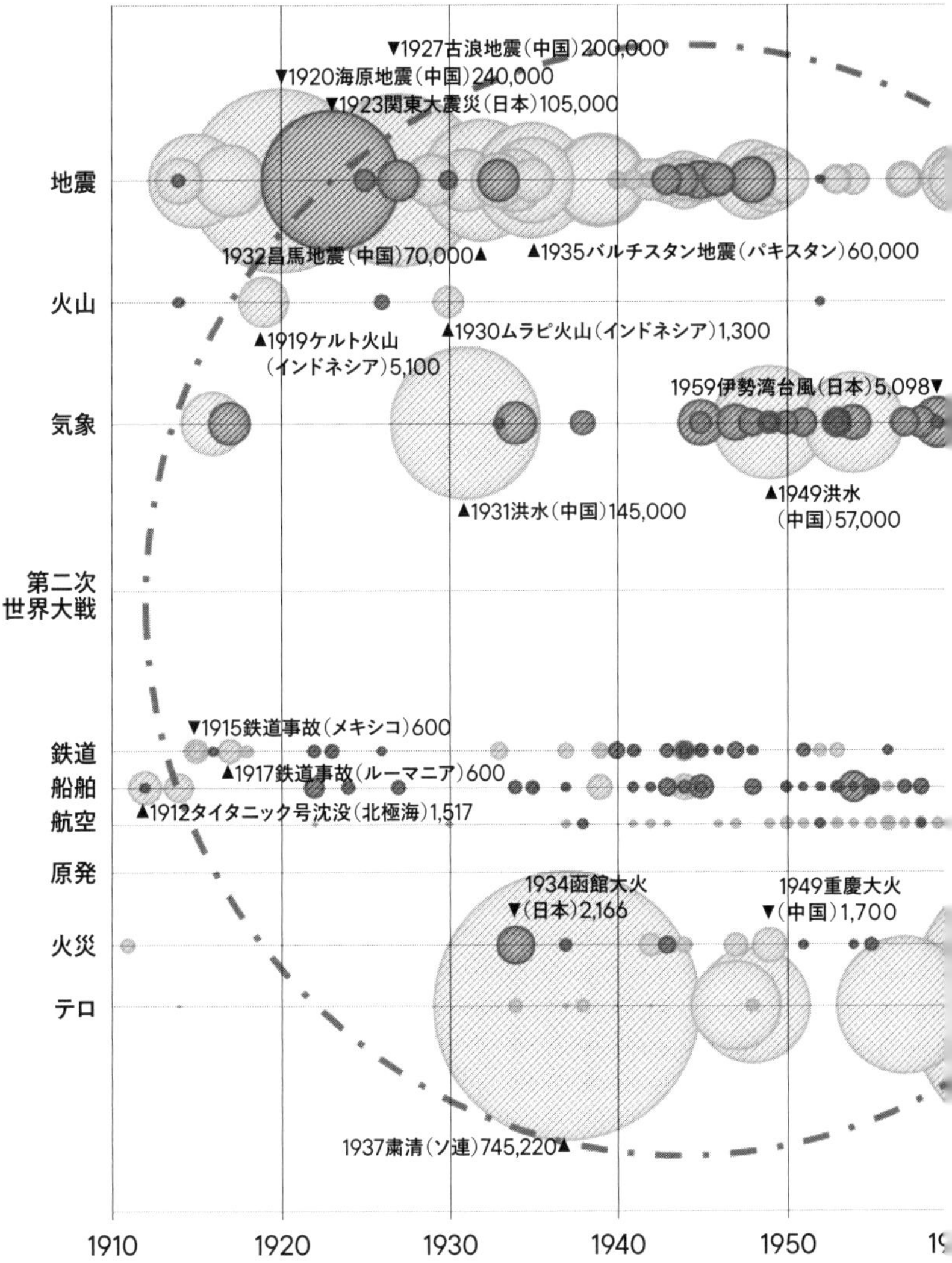

1910年代以降における災害の歴史

像するだけで恐ろしくなります。

では、もしその地震が、誰も住んでいない、何もない、無人島や砂漠地帯で起こった場合はどうでしょう。

誰も何も被害に遭っていなければ、果たしてそれは「災害」でしょうか？　そう、災害と聞くと、私たちは地震や津波といった事象を思い浮かべがちですが、厳密に言えば、それら単体では「災害」ではありません。それらはあくまで「危機」でしかないのです。

本書では「災害（Disaster）」を、「危機（Hazard）」が「社会の脆弱性（Vulnerability）」と出会うことで起こる被害であると定義します。

「危機」には、地震や津波、豪雨、台風、火山噴火、熱波・寒波、病原体といった自然由来のものから、エネルギーや武器・兵器、交通、情報など人為由来のものまで、さまざまな種類があります。

これらは基本的に、コントロールできるものではありません。台風の進行ルートを変えたり、地震や火山噴火が起こらないようにしたりするのは無理ですよね。

人為由来の危機であれば、適切に管理することでコントロールできるかのように思えるかもしれません。しかし、被害を受ける側から見れば、これらも自然由来の危機と同様に、コントロールできるものではありません。たとえば、テロや脱線事故などの被害に遭った方々が、そうした危機の発生を事前にコントロールできたかといえば、難しかったといわざるをえないでしょう。

一方で「社会の脆弱性」はコントロールが可能です。脆弱性とは、「危機」が発生した際に「災害」へ発展する可能性のこと。そうした脆弱性は、日常のあらゆるところに存在しています。

たとえば耐震基準を満たしていない老朽化した建物。対策の取られていない海抜ゼロメートル地帯。また、そうしたわかりやすい脆弱性もあれば、一見して脆弱とわからないものも数多くあります。当たり前にある階段だって、健康な人にとってはなんでもない存在ですが、お年寄りや車椅子の方にとっては脆弱性となりえます。もし避難経路に階段のあるルートしか用意されていなければ、彼らは非常時にどうすれば良いのでしょう？

また、脆弱性は物だけではなく、状況にも潜んでいます。たとえば、日々の食費や光熱費をギリギリの金額で賄っている、やりくり上手のご家庭。普段はなんとか問題なく暮らしていても、非常時に置かれたとたん、あらゆる物資が不足したり、避難するための費用が捻出でき

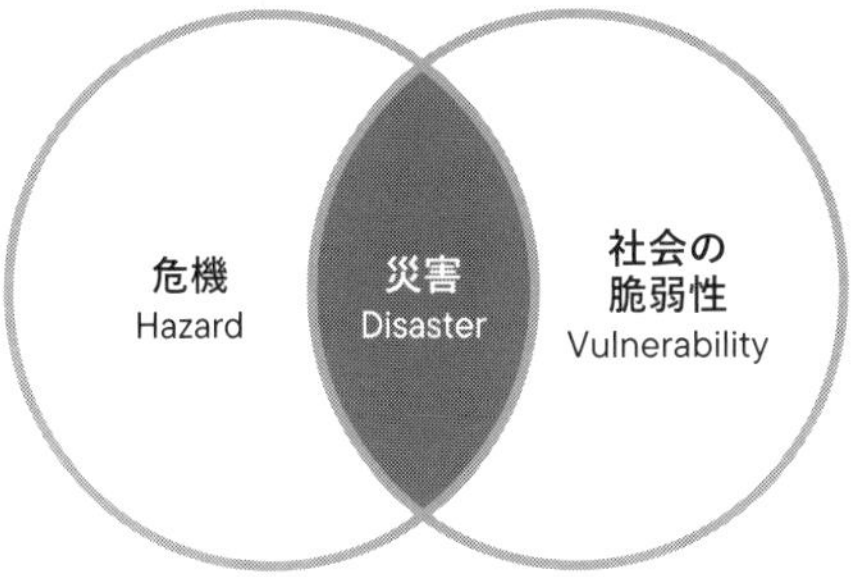

危機、社会の脆弱性と災害の関係

なかったりと、一気に困難な状況に陥る可能性を秘めています。

くわえて、脆弱性は一見して便利なものにも潜んでいます。たとえば「オール電化」という日常における利便性も、「停電」という危機により被害が生じるようであれば、脆弱性を抱えているといえるでしょう。その他にも、高度に発展した現代の物流体制や、プライバシーに配慮された住宅環境なども、危機が訪れた際には、「流通が混乱・停滞し、近くのお店に物資が届かない」「近隣との支援コミュニティが機能しない」などといった脆弱性が露呈することがあります。

日常において我々に安定した電力供給や、所在している地域への経済効果的恩恵などをもたらしていた「原子力発電所」の抱える脆弱性が、「東北地方太平洋沖地震」という危機と遭遇したとき、どれだけ大きな災害を生み出したかは、説明するまでもありません。

脆弱性を小さくし、災害を減らす

「災害」は、「危機」と「社会の脆弱性」が出会うことで発生する。しかし、これは裏を返せば、たとえ**「危機」が不可抗力であったとしても、「社会の脆弱性」を小さくして危機と出会わないようにすることができれば、「災害」は起こらない**ということでもあります。

では、どうすれば社会の脆弱性を小さくすることができるのでしょうか。そのひとつの方法が「防災」です。いつか訪れる危機に向けてしっかりと「備える」ことで、脆弱性を小さくする方法です。

防災の重要性は、今更わたしが説明するまでもないでしょう。だからこそ行政も毎年防災に予算をつけていますし、常に災害時に向けた制度整備やインフラ整備を行っています。たとえば台風や水害など、ある程度予測可能な危機については、そうした予算や計画のもと、前もって避難指示が発令されるようになっていますし、ひとたび災害が起これば、必要に応じて市区町村が指定避難所を開設し、市民らに広く周知を図ることになっています。

電線、上下水道管、ガス管、道路、鉄道などライフラインやインフラが被害を受ければ、国や自治体、各事業会社がただちに復旧に取り組みますし、家屋や建物の倒壊に遭い瓦礫の下にいる人、水害で高層階や屋上などに取り残されている人などを救うべく、自治体や消防、警察らがただちに出動し尽力します。

これらはごく一部のことですが、このように防災において、行政は大変重要な役割を果たします。けれどもその一方で、行政に任せておけば全く問題がないのかといえば、当然ながら、そんなことはありません。

たとえば、2019年に台風15号の影響で発生した大規模停電の際、千葉県では県が災害用に備蓄していた非常用発電機約500台のうち、半数以上が倉庫などに置かれたまま活用されないという事態が発生していました。[2] 多くの施設や住民が、電気がなくて困っていたにもかかわらずです。これは後に、要請のあった市区町村へ貸し出すことしか想定できておらず、要請のなかった市や区にまで貸し出すことができなかったからだと明らかになっています。

また、2019年10月12日には、台風19号上陸に伴い各地の河川が氾濫する中、東京都台東区の避難所でホームレスの方が複数名、受け入れを拒否されるという事態が発生し、大きく話題となりました。[3] これは、対象者が住所不定であったため、「区民」を対象とする避難所では受け入れることができなかったからであるとされています。台東区はその後、住所不定でも避難を受け入れることを表明しましたが、「行政の支援が行き届かない場合がある」ことを浮き彫りにし、大きな課題を残しました。[4]

これらの例からわかるのは、「非常時」においては、行政であっても想定外の事態に直面し、十分な対応を行うのは難しいということです。

そもそも、行政がどんなに防災に取り組んだとしても、阪神淡路大震災や熊本地震、東日本大震災でもそうであったように、地震が起きたその瞬間に瓦礫の下敷きとなり、命を落とした方が大勢います。記憶に新しい2023年2月に発生したトルコ・シリア大地震では、犠牲者が5万人に迫り、新しい耐震基準に適合しているにもかかわらず数多くの建

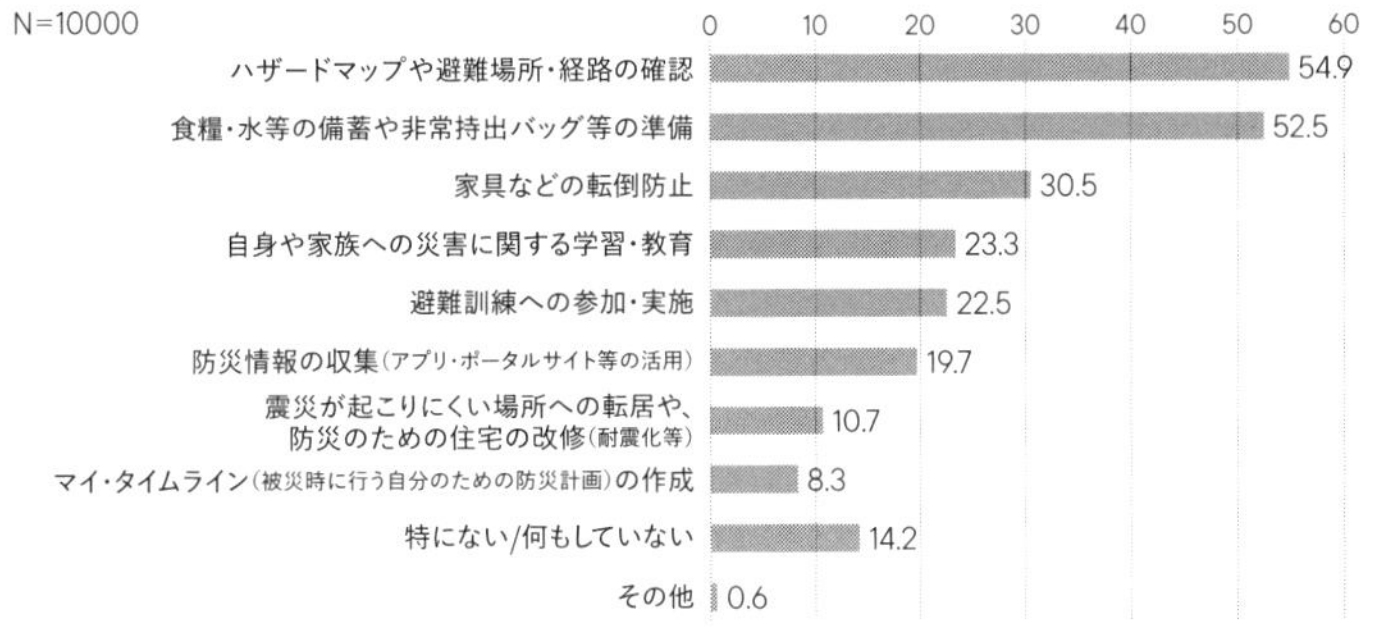

防災・減災の実現に重要と考えること

造物が倒壊し、「建築基準が遵守されていなかったのではないか」と指摘されています。[5] 法令が整備されているからといって、それが適切に運用されているとは限らないのです。

災害が起こってしまった時点で、もう取り返しのつかない状況に陥っていることも多々あります。**行政による防災の取り組みだけで、繰り返す災害を解決することは難しい**といわざるを得ないでしょう。

なぜ「備える」ことは難しいのか

行政ができることに限界があるとして、では、個人にできる「防災」には何があるでしょうか。少し考えてみましょう。

たとえば2021年に国土交通省が行った「国民意識調査」では、防災・減災の実現に重要と考えることは何かという質問に対して、「ハザードマップや避難場所・経路の確認」「食糧・水等の備蓄や非常持ち出しバッグ等の準備」「家具などの転倒防止」「自身や家族への災害に関する学習・教育」といった順番で回答が並んでいます（P27）。

たしかに、これらはどれも非常に大切なことです。おそらく、読者のみなさんも賛同してくれることと思います。

では、読者のみなさんのなかに、これらの「備え」を全て完璧にこなせている、自分はいつどこで、どんな危機が発生しても大丈夫だと、自信を持って言える人はいるでしょうか？　きっと、大半の方は「そこまではできていない……」と、尻込んでしまうのではないかと思います。もしかすると、「いざとなったら自衛隊に助けてもらうしかない」と考えている方や、もしくは「どれだけ備えてもしょうがない」「死ぬ時は死ぬしかない」と諦めてしまっている方も多いかもしれません。

だからといって、みなさんが「災害が起きてもよい」「災害で命が失われてもよい」と考えているとは思いません。自分自身も家族も、身の回りの人も、友人知人も、大変な目に遭ってほしくない。誰もがそう願っているはずです。ではなぜ、「備える」ことができないのでしょうか。

それは決して、あなたがだらしなかったり、命を軽く考えていたりするからではありません。むしろ、日々を懸命に生きているからではないでしょうか。

「はじめに」でも述べたとおり、私たちは日常の暮らしを精一杯生きています。仕事、子育て、介護……。長時間働いているにもかかわらず、給与はなかなか上がりませんし、お金も時間もなんとかギリギリでやりくりしながら、毎日を必死に過ごしている。

そんな暮らしの中で、たまにお金と時間に余裕ができたとしても、そこで「じゃあ防災用品を買い揃えよう！」「ハザードマップを読み込んでおこう！」となるでしょうか？　きっとそうはなりませんよね。「ちょっと美味しいものを食べに行こうか！」「たまには家族で旅行にでも行こうよ」となるはずですし、それが自然なことでしょう。

防災最大の弱点

「備える」ことは難しい。それは「備え」が、日常時においては価値を発揮できないからです。懐中電灯やバッテリー、非常食や簡易トイレなど、非常用持ち出し袋にしまい込んであるものを、日常時に取り出すことはあるでしょうか？　せいぜい「まだちゃんと使えるかな」「賞味期限は切れていないかな」と、チェックするときくらいではないでしょうか。普段はクローゼットの奥にしまい込んで、「邪魔だな」と思っている方もいるかもしれません。ただでさえ日常の生活が大変なのに、そんな**「日常生活の質に影響しないも**

の」に対して、積極的にお金や時間をかけられないのは、無理もないことでしょう。

これは行政においても同様です。先に、行政は防災に対して予算を付けていると書きました。しかし当然ながら、その予算には限りがあります。

仮に、論理的思考に基づいて課題解決を図ることができるのであれば、それが理想でしょう。現状を分析し、あらゆる脆弱性を洗い出し、それらを取り除くためのスケジュールや予算計画を立て、そこに基づいて実行する――。

しかし実際には、危機はいつ訪れるかわかりませんし（3秒後かもしれませんし、30年後かもしれません）、脆弱性はありとあらゆるところに潜んでいるため、どれだけの備えが必要になるのかも想像しきることは難しい。

また、ひとたび災害が起こると、先にも例を挙げたとおり、想定していなかった問題が次から次へと発生してきます。

電気やガスが寸断された、幹線道路が土砂崩れで通れなくなってしまった、電話もネットも通じない……。災害発生直後はもうカオス状態です。その後も刻々と状況が変わり、その時々で課題の性質も異なってきます。

計画を立てようとしても、スケジュールを立てるどころか、脆弱性を洗い出すことすらままならないのです。

行政も防災の重要性は理解していますし、住民の生活や命を守りたいと思っています。

しかし、医療や福祉、教育、経済対策など、他にも解決しなければならない目の前の問題が多数存在するなか、いつ起こるか、なにが起こるかわからない、言い換えれば無限に予測される全ての被害シナリオに対して、際限なくリソースを注ぐわけにはいきません。

そう、**防災はその性質上、日常においては価値を感じにくく、「コスト」になってしまう**のです。

防災ビジネスが難しい理由

防災は日常において「コスト」になってしまう。そうした理由から、防災はビジネスにするのが難しい領域にもなってしまっています。

先に述べたとおり、脆弱性は社会のありとあらゆる場所に存在しています。であれば、それらを取り除いていくためには、ありとあらゆるところまで防災が行き届いた状況を作らなければなりません。しかし、行政や個人の力だけでそうした状況を作り出すのは難しい。では、どうすればよいのでしょうか？ それに当たって**重要になるのが、ビジネスとして成立させ、経済活動に乗せられるかどうか**です。

たとえば、日本ではありとあらゆる場所にコンビニエンスストアが建っていますし、そこかしこに自動販売機が設置されています。こうした状況は、けっして、「コンビニエンスストアを日本中に作らなければならない」「喉が乾いた時に備えて、すべての町に自動販売機を」といった意識から作られたものではありません。もちろん、そこには企業努力があったでしょうが、あくまで需要と供給という経済活動の結果として、今の状況は存在します。

もし、防災も同じように経済活動に乗せることができれば、持続可能なかたちで、ありとあらゆる脆弱性を取り除き、災害を解決することができるかもしれません。

実際、ビジネスとして防災に取り組む企業や組織がないわけではありません。現に、防災用品やサービスを提供している会社もありますし、耐震補強工事やリスク調査、リスク管理に取り組む会社も、防災をビジネスにしていると言えるでしょう。

しかし、こうしたマーケットは非常に狭い。残念なことに、先に述べたとおり、消費者にとって防災は「コスト」です。ゆえに、大きな災害直後など、社会的な防災意識が高まっているタイミングなどには大きな売上を出すことはできても、日頃から安定的な利益を出すのは簡単ではありません。

よって、防災はビジネスとして成立させるのが難しく、世の中に広がりづらいという課題も抱えているのです。

社会貢献の限界

ここまで読んで、「防災をコスト扱いするなんて、けしからん！」「仮にコストであったとしても、誰もが安心安全に暮らすために必要不可欠なものなのだから、コスト度外視の社会貢献と捉えて防災に取り組むべきだ！」と感じた人もいるかもしれません。ボランティアなどを動員し、できる限り多くの人が積極的に取り組んでいくべきだ、と。

たしかに、阪神淡路大震災や東日本大震災などでは災害ボランティアの存在が大きな役割を果たしました。災害発生直後から瓦礫の撤去や支援物資の仕分け、炊き出しなどを行い、心のケアやコミュニティ活動など長期的な支援にも一役買っています。特に阪神淡路大震災以降、ボランティアによる支援活動が浸透し、大きな災害が起こるたび被災地にボランティアセンターが設置され、地元の有志とＮＰＯなどが一緒になって運営にあたるようになりました。こうした取り組みをしてくださっているボランティアの方々には、感謝の念がつきません。

しかし、ボランティアに頼れば災害を解決できるかといえば、そうとは言えないでしょう。当然ながらボランティアに参加できるのも、ごく一部の人々に限られています。社会のために貢献したいという思いを持った上で、一定期間仕事を休めるか、定年退職後などで時間やお金に余裕のある人、時間や体力に余裕のある学生などです。

企業によるボランティアとも言えるCSR（Corporate Social Responsibility：企業の社会的責任）なども同様です。企業である以上、目先の利益が拡大するわけではない活動に投資できるリソースには限度があります。

防災を社会貢献と捉えたとしても、そこには限界が生じてしまう。社会貢献としての防災だけで、災害を解決することは難しいのです。

「備えられない」から考える

ここまで、災害が発生するメカニズムと、災害を解決するにあたって防災が抱える課題について紹介してきました。簡単に振り返りましょう。

「災害」とは「危機」と「社会の脆弱性」が出会うことによって生まれる被害の総称であり、「社会の脆弱性」を小さくすることによって解決されるべきものである。しかし、従来の防災だけでは、この社会の脆弱性をすべて取り除くのは難しい。なぜなら日常において防災は「コスト」となってしまい、利用できる（資金的・人的・時間的）リソースが限られるため、無限ともいえる社会の脆弱性に対処し切ることができないからだ——。

こうした実態を踏まえ、改めて最初の問いについて考えてみたいと思います。私たちは、どうすれば繰り返す災害を解決し、命を守ることができるのでしょうか。ネックとなるのは、やはり防災の「備える」というアプローチの難しさです。

防災がコストになってしまうのは、「備え」が、日常において価値を発揮できないからでした。

災害のニュースを見て危機感を覚え、急いで防災用品を買い揃えることはあるかもしれません。しかし、使わずにいるうちに、いつの間にか使用期限を過ぎてしまった。「いつか買い直さなければ」と思ってはいるものの、今は日常生活を生きることに精一杯。時間にもお金にも余裕がないため、普段使わない防災用品は、ついつい後回しにしてしまう……。

仮に危機感や恐怖心を煽って防災意識を高めたとしても、みんながみんな危機に備えられるわけではありません。それにここまでの例のように、「恐れ」や「悲しみ」といった負の感情には、持続性がありません。仮に「備える」ことはできても、「備え続ける」ことは難しいのが実態です。誰だって、いつ訪れるかわからない恐ろしいことを考え続けるよりも、できれば日常を豊かにしてくれる、楽しいことや嬉しいことを考えていたいはずでしょう。「備える」というアプローチには限界があるのです。

それならば、はじめから「備えられない」ことを前提としてみるのはどうでしょうか？

日常において生活の質に影響を与えないものにリソースを投じるのが難しいのであれば、日常生活の中で「こうなったらいいな」「こうしたら便利だな」「これならお得だな」と価値を感じられるものが、結果的に「非常時にも役立つ」ような仕組みを作れないだろうか？「日常時」と「非常時」という状況（フェーズ）の区分をなくし、その両方で価値が発揮される仕組みを作れないだろうか。

そうして、意識的に備えられなくても、結果的に備わった状態を増やしていけば、社会の脆弱性を小さくし、災害から多くの人を救うことができるのではないだろうか。このような発想の転換から生まれた概念が「フェーズフリー」です。

「コスト」から「バリュー」へ

日常で価値を感じられるものが、非常時にも役立つようにしよう。これは言い換えれば、社会の脆弱性を、防災用品のような「非常時のみに発揮される価値」ではなく、「日常時における価値」を用いて小さくしていこうという提案です。

「はじめに」でもフェーズフリーな商品として紹介した、「プリウスＰＨＥＶ」を例に説明してみましょう。繰り返しになりますが、ＰＨＥＶ（プラグインハイブリッド車）とは、ガ

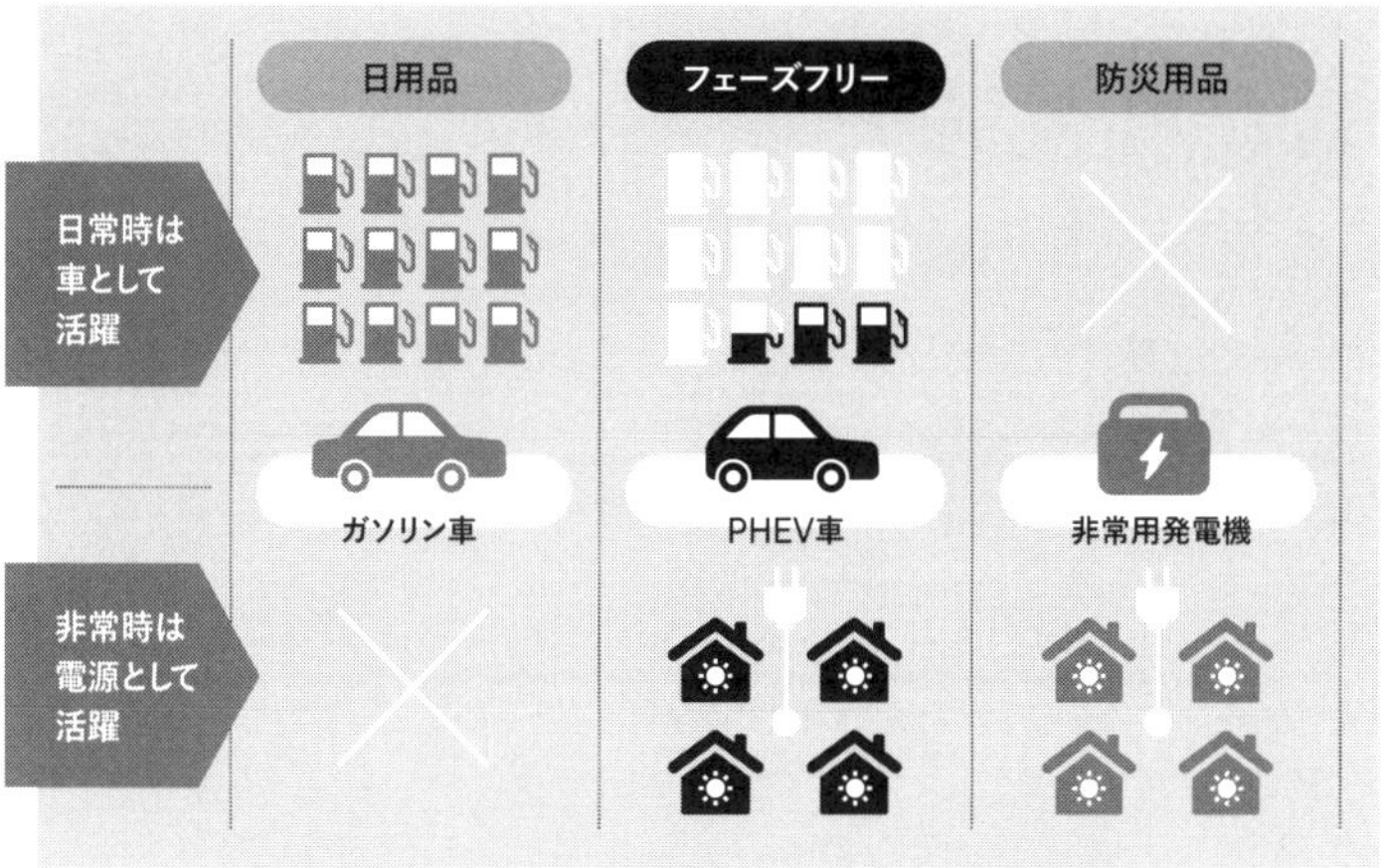

プリウスPHEVは日常時と非常時の両方において価値を発揮する

ソリンを使用するエンジンを搭載しつつ、外部から供給した電源でも走行することができる、ハイブリッドな車のことです。そのためPHEVは、日常時には一般的な自動車よりも圧倒的に燃費が良く、ガソリン使用量を抑えることが可能になっています。燃料費を節約できるし地球環境にもやさしい、まさに「エコ（エコノミー&エコロジー）」な商品だといえるでしょう。

くわえて、PHEVは日常時だけでなく、非常時にも価値を発揮します。停電などが発生した際、モーターによる発電と蓄電池の性能を活用し、「停電時の電源」として家庭電力を賄うことが可能なのです。プリウスPHEVの場合、約5日分の家庭電力量を賄うことが可能となっています。

プリウスPHEVは、決して非常時のため

の商品ではありません。プリウスPHEVを購入する人の大半は、あくまで日常における価値（燃費の良さなど）を目的に購入しているはずです。しかし、その日常における価値が結果的に「非常時」にも役立っている。

ここまで何回も確認してきたとおり、「備えてください」というメッセージは、多くの人にとって「コスト」の提案でした。たとえば、「災害に備えて5日分の非常用発電機を購入しておいてください」とお願いしても、実際に購入できる人はわずかでしょう。いつ必要になるかわからない、日常において価値が低いものにコストを支払うのは難しいからです。

しかし、プリウスPHEVという商品は、「燃費が良い車が欲しい」という**日常時のニーズに応えつつ、結果として災害に備えた状態をも生み出している**。プリウスPHEVは消費者にとって「コスト」ではなく「バリュー」となっている。「コストであるがゆえに備えることができない」という防災の問題をクリアできているのです。

フェーズフリーはなぜ支持されるのか

「コスト」から「バリュー」への転換。このパラダイムシフトによるメリットは、それ

脱出ハンマー付きシガーソケットUSBカーチャージャー

だけではありません。これにより、災害対策が「誰もが参加可能なフィールド」になるというメリットもあります。どういうことでしょう？

前述したとおり、脆弱性は社会のありとあらゆるところに、無限ともいえるだけ存在しています。限られたリソースでは、こうした無限の脆弱性に対処するのは難しい。ビジネスとして成立させ、経済活動に乗せることができれば可能性はあるが、「防災」はビジネスにするのが難しい。なぜなら、消費者にとって防災はコストだからだ。というのが、防災が広まらない理由のひとつでした。しかし、フェーズフリーの場合はどうでしょう？

ここでも、例をもとに考えてみたいと思います。「脱出ハンマー付きシガーソケットUSBカーチャージャー」という商品があります。日常時には自動車のシガーソケットにつけて使う充電器として、非常時には窓ガラスを割るための脱出ハンマーとして利用することができる商品です。

台風や大雨にともなう洪水被害の死亡事例において、自家用車の中で亡くなる「車中死」の割合がとても高いことをご存じでしょうか？　水位が上がると、水圧により車のドアは開けることが困難になります。また、車の窓ガラスは非常に頑丈で、簡単に割ることができません。結果、車の中に閉じ込められたまま亡くなってしまう事例が後を絶たないのです。たとえば２０１９年に発生した台風19号、20号による水害で亡くなられた72名のうち、車中で死亡した方は30人にものぼります。[6]

そうした被害を防ぐための商品が、車の窓ガラスを割るための脱出ハンマーです。脱出ハンマーは数百円ほどで買えますから、さほど高価な商品ではありません。しかし、脱出ハンマーの存在を知っている車所有者のうち、実際にハンマーを備えているのは2割程度だという実態があります。大半の方が、脱出ハンマーを備えていないのです。[7]

わずか数百円で自分や同乗者の命を守れるはずなのに、なぜ備えられないのか。そこには「自分は大丈夫だろう」という過信だけでなく、「日常において役に立たないものに、コストをかけたくない」という心理も働いていると考えられます。

しかし、先ほど紹介した「脱出ハンマー付きシガーソケットＵＳＢカーチャージャー」の場合はどうでしょうか。たとえばＵＳＢカーチャージャーを購入するために、自動車用品ショップへ買い物に行ったとしましょう。棚には一般的なＵＳＢカーチャージャーと、脱出ハンマーとしても使えるカーチャージャーが、同じ値段で並んでいます。この時、どちらの商品の方が、手に取られる可能性が高いでしょう。おそらく、後者ではないでしょ

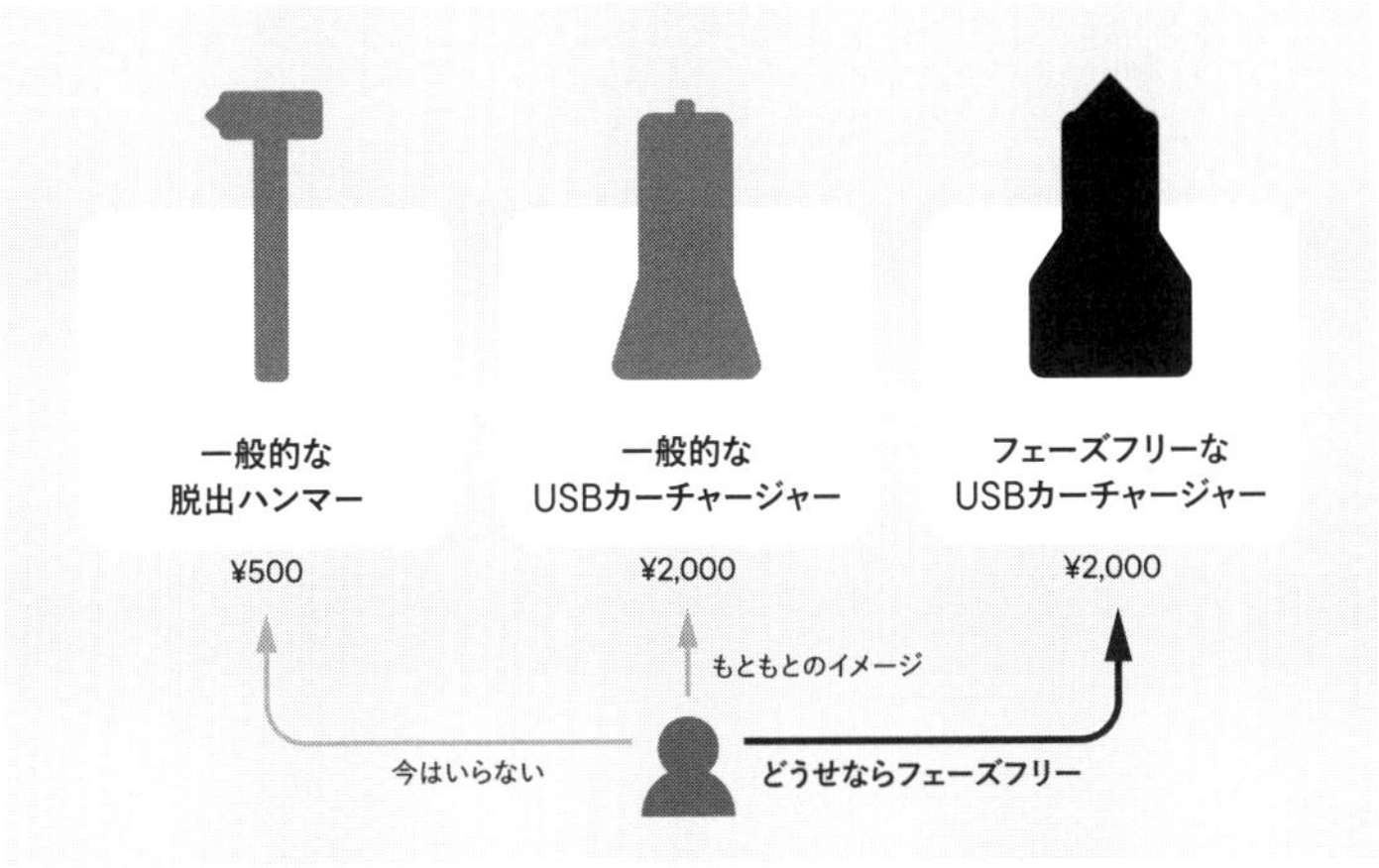

フェーズフリーな商品が支持される理由

うか。なぜなら、せっかくなら脱出ハンマーとしても使える商品を買った方が「お得」だからです。**「お得」という日常における価値が、結果として非常時の命を守ることにつながっている**のです。

さて、この例で注目したいのは、「フェーズフリーな商品の方が売れる」という点、そして、この商品を手がけているのが、いわゆる防災商品を開発している専門的な企業「ではない」という点です。

ビジネスチャンスとしてのフェーズフリー

世の中のありとあらゆる商品やサービスは、フェーズフリーになる可能性を秘めています。先ほど紹介した「脱出ハンマー付きシガーソケットUSBカーチャージャー」も、もともとはカーチャージャーです。防災商品ではありません。けれどもフェーズフリーな商品にしたことで、他の商品との差別化が可能になり、売れるようになりました。つまり**フェーズフリーは、災害という課題を解決するための手段というだけでなく、あらゆるビジネスやサービスにとっての「ビジネスチャンス」でもある**のです。それはさらに言えば、災害対策に取り組むプレイヤーが大幅に増えるということでもあります。

また、便宜上「ビジネスチャンス」と表現しましたが、フェーズフリーを採用することで高い支持を集める可能性があるのは、狭義の「ビジネス」だけではありません。たとえば自治体が何か新しい公共施設を作ろうとしたとします。その際に、「日常時しか役に立たない施設」と、「非常時にしか役に立たない施設」、そして「日常時にも非常時にも役に立つ施設」の3つがあったとして、どれが一番住民の支持を得ることができるでしょうか？ほかにも、フェーズフリーな政策や、フェーズフリーな教育、フェーズフリーな医療など。脆弱性があらゆる箇所に潜んでいる以上、裏を返せば、あらゆるものがフェーズフリーになる可能性を秘めているともいえます。

もしあなたが担当する商品やサービスをフェーズフリーなものに変えるとしたら、どんなことが可能でしょう。具体的なアイデアの作り方は第4章で紹介しますが、自分の考えたアイデアが多くの支持を集め、世の中に広がり、さらに非常時には人々の命を守ることができると想像すると、ワクワクしてきませんか？

そして、そうやって日常の暮らしのすみずみにまでフェーズフリーが浸透すれば、知らず知らずの間に社会の脆弱性は小さくなっていきます。**フェーズフリーは、ビジネスをより支持されるものに成長させながら、災害を解決していくことが可能**となる概念なのです。

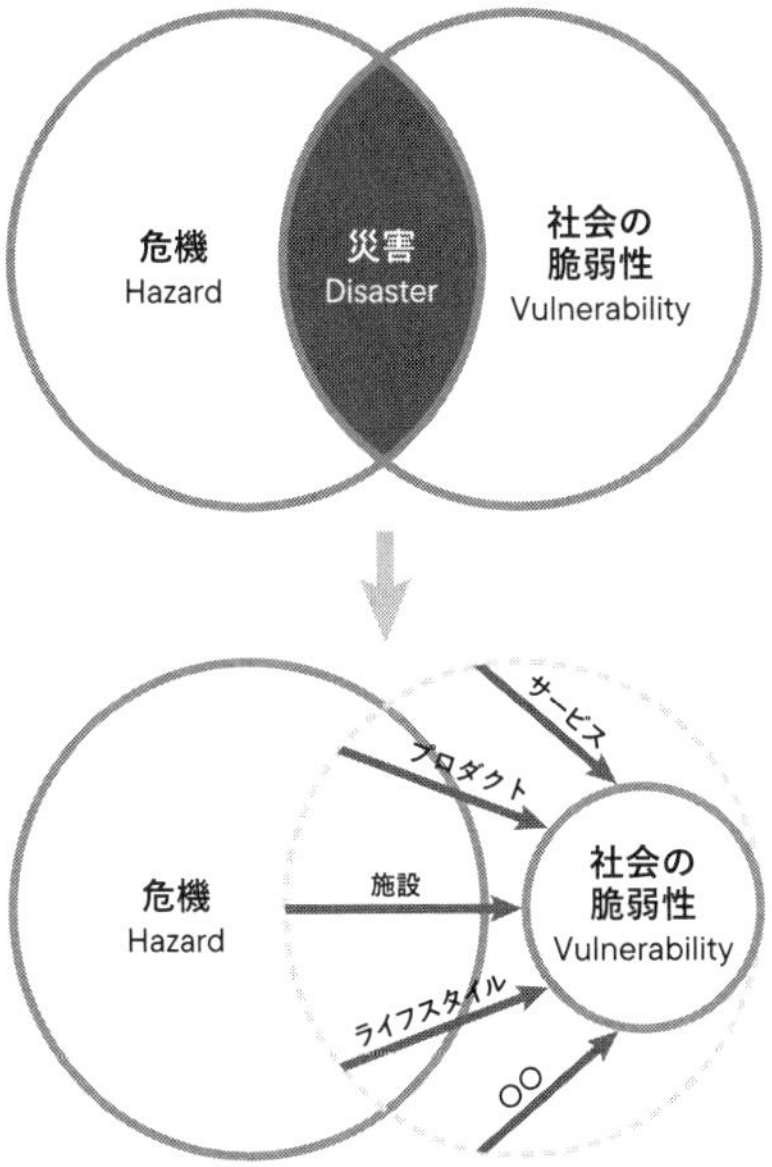

あらゆる脆弱性をフェーズフリーで小さくしていく

「解決策」から「参加策」へ

フェーズフリー自体は具体の商品やサービスではなく、あくまでひとつの概念でしかありません。しかし、概念の力は強力です。新たな概念の登場により大きなインパクトがもたらされ、社会が変わった事例は、これまでにも数多く存在します。

たとえば、「ユニバーサルデザイン」という概念があります。これは、文化や言語、国籍の違いや障害の有無などに左右されない、あらゆる人にとって暮らしやすい社会を目指そうという、デザインにまつわる概念です。

また、今では完全に定着した「エコ」。これは「エコロジー（生態学）」と「エコノミー（経済）」という2つの言葉の意味が含まれた概念で、地球温暖化問題や環境・生物多様性の保全、省資源・省エネルギーなどに寄与しつつ（エコロジー）、それでいてお財布にも優しい（エコノミー）プロダクトやサービスを提供することで、私たちの暮らす地球を守ろうという考え方です。

これらに共通するのは、**いずれも「参加」を促すことで解決につなげている**点にあります。たとえば「エコ」という概念が登場するまで、環境問題等への取り組みは防災と同様にコストと見做され、参加できるプレイヤーが非常に限られたものでした。しかし、エコという概念の登場で、「環境にもお財布にもやさしい」商品やサービスの開発が進み、供給する側にとっても需要する側にとっても、環境問題が参加しやすい身近なものとなったのです。

これはユニバーサルデザインも同様です。特定のマイノリティだけに対する配慮をこらそうとした場合、そこにはどうしてもコスト的な問題がつきまといます。けれども、「誰にとっても使いやすく・わかりやすい」ユニバーサルデザインという概念が登場したことで対象となるパイが広がり、ビジネスなどにも採用しやすい、誰もが参加しやすい状況が生まれました。

ほかにも、多様性が生み出すオシャレさやユニークさによって、経済的な不均衡をなくそうという「フェアトレード」なども、同様に概念が参加を促し、社会を動かした事例だといえるでしょう。

フェーズフリーもこれらと同じく、参加を促す概念です。ここまで述べてきたとおり、脆弱性は社会のありとあらゆるところに存在しており、それらを取り除くには、行政や個人、ボランティアなどにコストを強いる防災だけでは難しいという実態があります。だからこそ、誰もが参加できるフェーズフリーという概念が必要になるのです。

フェーズフリーという概念は、日本のみにとどまらず、年齢や性別、国籍など属性を問わず、行政や営利・非営利問わず、はたまた個人から世界レベルにまで、あらゆる領域に広がる可能性を持っています。なぜなら「いつでも、どこでも、だれでも安心安全で快適に暮らせる社会」は、誰もが望む普遍的なものだからです。

年齢や性別、国籍など属性や個性の異なる、世界中の人々がそれぞれの視点で自由な発想のもとでフェーズフリーに参加してくれれば、フェーズフリーはさらに価値あるものとなっていくことでしょう。

そしてフェーズフリーの社会実装が進めば進むほど、より多くの人々の日常の暮らしがより快適で安全なものとなり、非常時にもできる限り日常と変わらない暮らしが送れるようになります。自分自身と大切な人の命を守り、これからの未来を描く礎となるのです。

実際に、フェーズフリーは現在、さまざまな形で社会、そして世界に浸透しつつあります。次章ではフェーズフリーの成り立ちを振り返りながら、社会に実装されつつあるフェーズフリーの実例を紹介したいと思います。

1 警察庁「平成23年（2011年）東北地方太平洋沖地震の警察措置と被害状況」（令和5年3月10日）
2 「千葉県が備蓄の発電機半数以上活用されず」ＮＨＫ政治マガジン（2019年9月21日）
https://www.nhk.or.jp/politics/articles/statement/23068.html
3 「台東区の自主避難所、ホームレス男性の避難断る」朝日新聞（2019年10月13日）
https://digital.asahi.com/articles/ASMBF3RVWMBFUTIL01K.html
4 「台東区 ホームレスを避難で受け入れる方針 水害想定」ＮＨＫ政治マガジン（2020年11月10日）
https://www.nhk.or.jp/politics/articles/lastweek/47931.html
5 「トルコ地震「高級耐震マンション」が崩壊したなぜ」東洋経済オンライン（2023年2月17日）
https://toyokeizai.net/articles/-/653271
6 「自動車の水没による車中死の防止対策に関する質問主意書」衆議院
https://www.shugiin.go.jp/internet/itdb_shitsumon.nsf/html/shitsumon/a200125.htm
7 「自動車用緊急脱出ハンマーによるガラスの破砕―万が一の水没事故に備えましょう―」
独立行政法人国民生活センター（2020年10月12日）
https://www.kokusen.go.jp/news/data/n-20200820_1.html

第2章

創発の現場から

必要なのは「防災カタログ」ではない

フェーズフリーという概念が誕生したのは2014年。今でこそ数多くの民間企業や団体、行政などがフェーズフリーに賛同し、多種多様な取り組みを推進してくれています。しかし当然ながら、そこに至るまでには様々な前日譚がありました。この章ではフェーズフリーの実例を紹介しようと思いますが、その前に少しだけ、現在に至るまでのエピソードをいくつかお話しさせてください。それらを知ることで、きっと後の実例についても、深い理解のもとでお読みいただけるはずです。

最初にご紹介したいのは、フェーズフリーという概念が固まる前、まだ東日本大震災の記憶も色濃く残る、2012年のエピソードです。当時、防災の専門家として活動していたわたしは、どうすれば第1章でも紹介したような「防災」の抱える課題を乗り越えることができるのかについて、ひたすらに思いを巡らせていました。「備えてください」という提案をしているだけでは、人に動いてもらうのは難しく、社会への広まりも見込めない。災害解決が「コスト」にならないかたちで、誰もが参加できるような提案方法はないだろうか。

そんな折に、「防災カタログを作りたいので、監修してもらえないか」という依頼がありました。あらゆる仕事場向け用品の通販を行っている、アスクル株式会社からです。

結論から言うと、わたしはこの依頼をお断りしました。先述したような課題感から、わざわざ新たに防災カタログを作っても、アスクルの多くのお客様には読んでもらえないと考えたからです。

アスクルを利用するお客様には中小企業の方が少なくありません。中小企業経営者にとって優先順位が高いのは、少しでもコストを抑え、日々の経営を成り立たせることです。いくらカタログを作っても、防災用品を積極的に買い揃える動機は起こりにくいでしょう。たしかに、震災直後なら、少しは関心を寄せてもらえるかもしれません。けれども1年、2年と月日が経てば、いつのまにかカタログもどこかに埋もれて、見返されることもないはず。それはきっと、お客様のためにもアスクルのためにもならないと考えたのです。

とはいえ、当然ながら災害対策を行わなくてもよいという訳ではありません。そこで、考えました。わざわざ新たに「防災カタログ」を作らずとも、普段お客様に配布しているボリュームたっぷりのカタログを、見せ方を変えることで防災カタログ化できないか、と。どういうことでしょう。

アスクルが普段提供している商品カタログでは、様々な商品が「事務用品」や「オフィス収納用品」といったカテゴリに整理されています。しかし、そこで紹介されている商品の使い道は、決して事務や収納だけではありません。これらの商品を「非常時に、どのように活用できるか」という視点で整理し直せば、十分に防災カタログとして機能するし、顧客にとってても手に取りやすく、持続可能性が見込めるのではないかと考えたのです。

こうして誕生したのが、『アスクル防災ブック―みんなの知恵で、明日できる防災』でした（P51）。このカタログでは、災害との向き合い方を示すとともに、被害を減らすためにできることとして「家具や機器を固定する」「状況を把握・共有・知らせる」といった7つの方法と、そのために活用できる身近な文具や消耗品などを紹介しています。たとえばガムテープを使った家具の転倒防止方法や、ダンボールを簡易的な担架として利用する方法、ホワイトボードを使った被害情報の整理方法などです。このカタログは大変反響も大きく、継続して配布されたほか、特設サイトも公開されました。

このカタログで打ち出した「ムダなコストをかけない日常的な備えで、災害を軽減していく」「いつも使っている身近なアイテムを、もしものときにも役立てる」というコンセプトには、これまでの防災における「備えましょう」といった呼びかけよりも、人々の行動を変えられる手応えがありました。

日常時の「日用品」と非常時の「防災用品」を分けて考えるのではなく、**日常時にも非常時にも役立つものを当たり前のように使ってもらう**。そうすればおのずと「備えなくても備えられる」ことになり、より多くの人の命を救うことにもつながるのではないか。こ

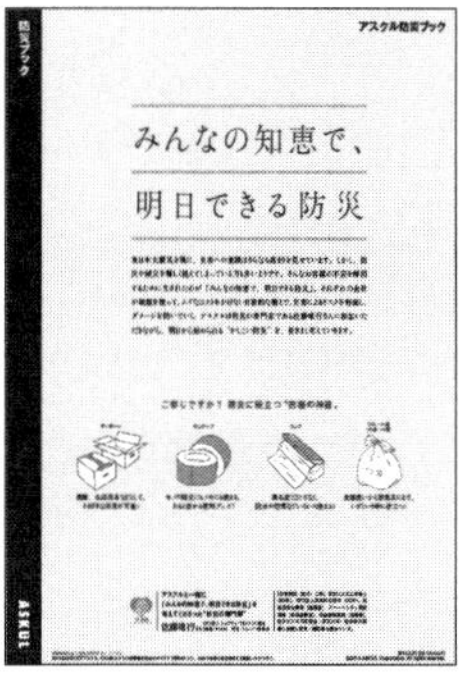

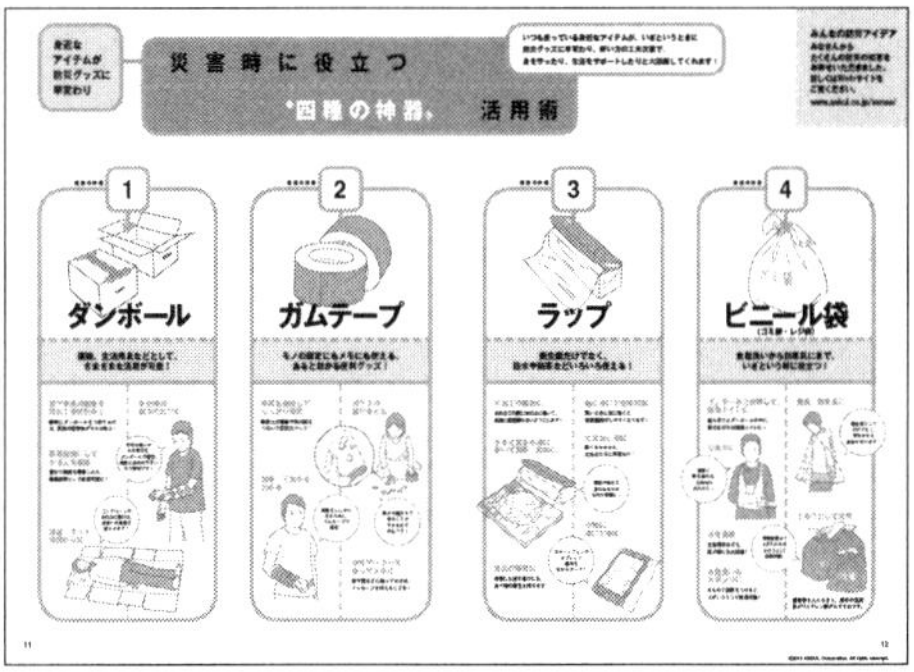

『アスクル防災ブック』

こで得られた、こうした発想が、後の「フェーズフリー」につながっています。

初音ミクのような防災がしたい

アスクルのカタログで手応えを感じたものの、当然ながら、それだけでは災害という課題を解決するにはまだまだ不十分だと感じていたのも事実です。

「創発」という考え方があります。近年、ビジネスの世界、特に組織開発やナレッジマネジメントの分野で使われるようになったこの考え方は、英語の「emergence（発現）」という言葉に由来する概念で、個性ある個人の集積によって、全体としてその総和以上の影響がもたらされることを指します。

前述したとおり、社会にはありとあらゆる脆弱性が存在しており、そこからは無限の被害シナリオが生まれてきます。それらに対応するためには、行政、社会貢献意識のある企業や個人、あるいは専門家といった、ごく一部の人だけではなく、**ありとあらゆる人たちが災害解決に参加し、単純な足し算以上の成果が生まれる、創発性のある仕組みを作らなければならない**と考えていたのです。

災害解決を、誰もが「参加したい」「考えてみたい」と思えるようなものにする必要がある。そこで注目したのが「初音ミク」でした。

ご存じの方も多いでしょう。初音ミクは2007年に登場した、歌声合成技術VOCALOID（ボーカロイド）を用いて開発されたバーチャル・シンガーソフトウエアです。簡単にいえば、パソコン上で歌詞とメロディを入力することで、あたかも人間が歌っているかのような歌声を生成することができるソフト、といったところでしょう。[8]

それまで、パソコンで音楽を作ることはできても、歌声はリアルな人間の声をレコーディングするしかありませんでした。しかし初音ミクの登場で、誰もがパソコン上で「曲」だけでなく「歌」を作れるようになったのです（正確には初音ミク以前にも歌声合成ソフトは存在しましたが、この方法が広く普及したのは初音ミクがきっかけでした）。

初音ミクは、その発売とちょうど同時期（2006年12月）にスタートした「ニコニコ動画」を中心に、爆発的なブームを起こしました。さまざまな「ボカロP（ボーカロイドで音楽を作る人の俗称）」が、初音ミクを使用してオリジナル曲を投稿。それを聴いた人たちが「歌ってみた」「踊ってみた」「演奏してみた」という動画をアップしたり、イラストレーターやアニメーターがファンアートやミュージックビデオを作成したりと、ユーザー同士の協業も進み、音楽に限定されない多種多様な人々を巻き込んだムーブメントが生まれたのです。今やその影響は世代や国境を超えて広がり、日本を代表するカルチャーのひとつとなっています。

その中でもわたしが特に感銘を受けたのが、2011年にGoogleが初音ミクを起用して制作した、Google ChromeのテレビCMです。[9] 覚えている方はいらっしゃるでしょうか。この短いCMは、一人のミュージシャンが「初音ミクで、オリジナル曲を作りました！」という文言と共に、制作した楽曲をウェブにアップロードするところから始まります。そしてそれに端を発したように、世界中のありとあらゆる場所で、ミュージシャンや3Dモデラー、高校生やコスプレイヤーなど、各々が初音ミクにまつわる動画をアップロード。最終的には、世界中の人が初音ミクの3Dライブに熱狂する様子

© CFM
初音ミク

が映されたのちに、「Everyone, Creator あなたのウェブを、はじめよう。」というメッセージが投影されて終わります。そう、「初音ミク」というアイコンをキッカケに、ありとあらゆる人が相互に影響を受けながらクリエイティビティを発揮し、これまでには存在しなかった新しい音楽文化が生まれたのです。そしてこれは、まさにわたしの理想とする「創発」の姿であり、災害解決の目指すべき姿でもあるように感じられたのです。

自由のためにルールを設ける

初音ミクはもともと、DTM（デスクトップミュージック）愛好者が利用することのみを想定して開発されており、これほど多くの人が初音ミクに熱狂する状況は予想されていなかったそうです。[10] 初音ミクは、なぜここまで広まったのか。そこには様々な要因が考えられますが、そのひとつに、二次創作を促すルールが設けられていたことが大きく影響しているのではないかと考えられます。

先に紹介したとおり、二次創作は初音ミク現象を語る上で欠かせない存在です。単に楽曲が投稿されるだけでなく、そこに影響を受けたユーザーによる、イラストやアニメーション等の二次創作作品が存在したからこそ、初音ミクは音楽制作の域に収まらないムーブメントになったと言っても過言ではないでしょう。

初音ミクの著作権を有する販売元クリプトン・フューチャー・メディアも、当然ながらその価値に早い段階から気がついていました。そこでクリプトン社は、2007年12月に初音ミクというキャラクター画像の二次創作ガイドラインを発表します。それまでは「黙認」であった二次創作を明確にルール化することで、ユーザーが安心して二次創作に取り組める仕組みを作ったのです。

「多くの人の多様な参加を促すためには、一定のレギュレーションが必要である」。この例に倣い、フェーズフリーも誰もが参加でき、ある種二次創作的に相互参照されながら、ナレッジが蓄積される仕組みを作るために、いくつかの原則（詳細は第3章で紹介します）を設けたほか、それらの管理を担う任意団体フェーズフリー総研を設立。くわえて、「フェーズフリー（phasefree）」という言葉を商標登録し、その社会的な価値を適切に維持できるようにしました。

「商標権を登録する」というと、「ビジネスを独占する」といったイメージを持つ方もいるかもしれませんが、まったく逆です。フェーズフリーはこれまでになかった概念ですから、もしビジネスの独占を目的とした他の企業が商標登録してしまうと、それ以外の企業や個人が自由に使えなくなる可能性があります。そうならないためにも、まずは「フェーズフリー」という言葉に責任を持つ当社が商標登録することで、誰もが安心してフェーズフリーに取り組めるようにしたのです。

こうした適切な管理やレギュレーション運営があったうえで、様々な企業や団体、行政、個人がフェーズフリーの概念のもと、それぞれの知見や自由な発想を活かしつつ、相互に影響されていく創発的な〝気づきの連鎖〟が起きていけば、災害を減らしていくことができるかもしれない――。

フェーズフリーは、そんなオープンイノベーションのプラットフォームになることを目指した概念なのです。

アカデミックからはじまった連鎖

フェーズフリーという新しい概念にいち早く関心を寄せたのは、防災を専門とする研究者たちです。2015年に日本地震工学会の目黒公郎氏（東京大学教授）が会長就任挨拶の際、これからの防災における重要なキーワードとして「コストからバリューへの意識改革」と「フェーズフリー」を挙げました。[11] 2018年には地域安全学会で論文『防災に関わる新しい概念『フェーズフリー』の提案』が、日本デザイン学会では論文『フェーズフリーの概念とフェーズフリーデザインへの展開』が発表され、2020年には地域安全学会に

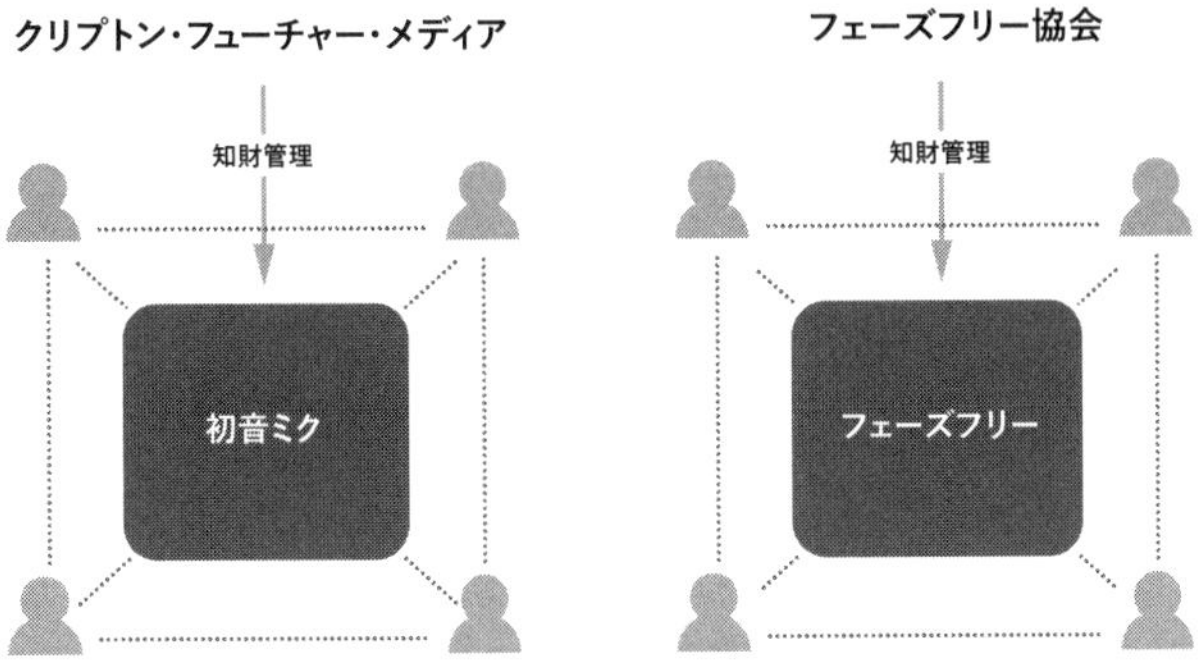

適切な管理により参加を促す

おいて、『防災に関わる新しい概念「フェーズフリー」の提案とその普及啓発』が技術賞を受賞。これらの論文にはわたしも共同執筆者として関わっていますが、現在はわたしとは関わりのない領域やさまざまな学会で、他の研究者による論文が続々と発表されています。

たとえば2022年7月、IBMやシスコ、HPなどが設立した「International Society for Service Innovation Professionals（ISSIP：国際サービスイノベーション専門家協会）」によるカンファレンスにおいて、「Value Creation Through Third-Party Certification – Case Study of Phase-Free Certification for Certifying Disaster Prevention（第三者認証による価値創造—防災認証のフェーズフリー認証事例）」が「First Place Best Paper Award（最優秀論文賞）」を受賞するなど、フェーズフリーをとり扱った研究が高い評価を集め始めているのです。

こうした学術界による科学的根拠も後押しとなり、行政にもフェーズフリー導入に向けた動きが出てきました（それぞれについては後に詳しく説明します）。

２０１８年２月、徳島県鳴門市の地域防災計画に「フェーズフリー」が重点取り組み課題として明記されます。同年３月、日本で初めてフェーズフリーの概念を取り入れた廃棄物処理施設として「今治市クリーンセンター バリクリーン」が竣工されました。２０１９年には鳴門市新庁舎建設の基本計画における基本方針としてフェーズフリーが盛り込まれ、「災害時と平常時という垣根を取り除いた、フェーズフリーの観点に基づいた庁舎環境の整備を図ります」と明記され、同年11月から鳴門市は「フェーズフリーのまち」と打ち出すようになりました。

先行事例が実現したことで、他の自治体も後に続きます。また、詳細はのちに紹介しますが、同年11月から電気バス「IKEBUS（イケバス）」が運用を開始するなど、東京都豊島区もフェーズフリーを積極的にまちづくりへ取り入れています。

２０２０年8月には環境省が重点政策における方向性のひとつとして「平時にも災害時にも切れ目なく対応できる『フェーズフリー』技術の社会実装」を明示。同年9月に「建築物等の脱炭素化・レジリエンス強化促進事業」のひとつとして「平時の脱炭素化と災害時の安心を実現するフェーズフリーの省ＣＯ２独立型施設支援事業」が採択され、設備への投資をする事業者に対して一部補助金を支給することになりました。

また、同年から東京都中小企業振興公社において、「フェーズフリー推進による中小企業の付加価値向上支援事業」がスタートし、都内の中小企業経営者や従業員、創業予定者に対してセミナーが開催されるようになりました。**フェーズフリーが防災だけでなく産業振興にも役立つと公的に認められた**ということです。

その他にも、まちづくりの基本理念としてフェーズフリーを掲げる自治体が増える、国家主導で海外向けにフェーズフリーを発信するプロジェクトが進むなど、フェーズフリーを取り巻く状況はとてつもない速度で変化しています。おそらく本書が出版される頃には、これらの情報も古いものになっているでしょう。それだけ多くの方が、フェーズフリーの理念に共感してくれているのです。

今治市クリーンセンター バリクリーン

IKEBUS

認証制度導入の葛藤

もちろん行政だけでなく、産業界でもここ数年、一気にフェーズフリーが浸透してきました。その発端となったのは、フェーズフリーに賛同してくださる企業からの要請で生まれた「フェーズフリー認証制度」です。

2015年、先述したフェーズフリー総研が立ち上がります。総研を中心に、さまざまな企業や団体とともにフェーズフリーを広げる取り組みを行っているなかで、ある時、良き理解者の一人でもあるアスクル創業者で前代表取締役社長の岩田彰一郎さんから、こんな助言がありました。

「どんな商品やサービスがフェーズフリーと言えるのか直感的にわかるような、認証制度を作ってもらえないか」と。

お客様にフェーズフリーの概念を理解していただき浸透させていくには、たとえばJISマークやトクホ（特定保健用食品）のように店頭でパッと見てわかるような〝マーク〟が欲しい。けれどもそれをアスクルが勝手に自称するのは信頼性に欠ける。第三者機関として適切に商品やサービスを判断して、お客様にご提示できるような認証マークを発行してもらいたいとのことでした。

しかし当初、わたしは認証制度の立ち上げに抵抗がありました。そうした制度があることで、自由闊達な、オープンなイノベーションが妨げられてしまうのではないかと考えたためです。また、「認証ビジネス」という言葉があるように、認証制度をビジネスにすること自体が目的と誤解されかねない懸念もありました。しかしその後、岩田さんだけでなく、他の企業からも同様の要請があり、最終的には２０１９年から「フェーズフリー認証（ＰＦ認証）制度」を開始します。

フェーズフリー認証マーク

結果から言えば、この取り組みはやってよかったと言えるでしょう。現在ではアシックスや明治、大東建託などをはじめ、この後に紹介するような様々な企業がフェーズフリー認証マークを取得し、フェーズフリーな社会の実現に向けて多様な商品やサービスを展開してくれています。また、それまでは大企業が大半であった参加者が、中小企業などまで広がったことも、認証制度の成果だったといえるでしょう。

いま振り返れば、これも初音ミクが二次創作のレギュレーションを設けたことで多くの人に参加を促したのと、同様の現象だったのかもしれません。

客観的で利用しやすいルールや制度があることで、社会のイノベーションは進んでいくのです。

アクションパートナー制度

ただ、認証制度を制定するのであれば、該当する商品やサービスを公正に審査するための第三者機関を設けなければなりません。また、それらを持続的に運営するための資金も必要です。そこで、認証制度を開始する前年、2018年12月に一般社団法人フェーズフリー協会を立ち上げました。

なお、同時に「フェーズフリーアクションパートナー（PFアクションパートナー）制度」という取り組みもスタートしました。アクションパートナーとは、フェーズフリーの概念や価値観を理解し、それに賛同する企業や団体、個人のことです。

この制度は「認証マークを得られるような商品やサービスを今すぐに用意することはできないが、フェーズフリーに賛同していることを表明したい」「フェーズフリーというムーブメントを応援したい」というニーズを受けて設けられました。

アクションパートナーに登録すれば、誰もがフェーズフリーへの共感を表す「PFアクションパートナーマーク」を利用することができます。中にはアクションパートナーからスタートし、現在は様々な認証商品を手がけている企業等も少なくありません。

現在は、アスクルはもちろん、味の素冷凍食品、ＮＴＴファシリティーズやＮＥＣといった業界を代表する企業から、博報堂のような広告代理店、多種多様な中小企業やＮＰＯ法人、行政やメディアなどがアクションパートナーとして登録し、フェーズフリーにまつわる情報発信を行ってくれています。現在フェーズフリーが広く世に普及しつつあるのは、そうしたアクションパートナーのみなさんのお陰でもあります。

この場を借りて御礼申し上げます。

フェーズフリーアクションパートナーマーク

「日常」はレッドオーシャンになっている

さて、前置きが長くなってしまいましたが、ここからは具体的に、フェーズフリーを体現する商品やサービスの実例をいくつか紹介していきたいと思います。まずは民間における事例からです。

私たちが普段接するあらゆる商品やサービスは、そのほとんどが民間企業によって生み出されています。「こんなものがあると便利だな」「こんなサービスがあって助かった！」。そう思えるものと出会えると、私たちの暮らしの質は格段に上がります。

ですからどの企業もこぞってそんな商品やサービスを生み出そうと切磋琢磨しているわけですが、アイデアを生み出すのは、そう容易なことではありません。隠れたニーズをくみ取るべく、ユーザーインタビューで生活者の声を聞き、どんなことに困っているのか、どんなものやサービスなら使ってみたいと思うか、さまざまな角度から検討し、浮かびあがってきた課題を解決するような商品やサービスをプロトタイピング(試作)し、テストマーケティングを経て商品化・サービス化する——。そんなプロセスをたどって日々さまざまな企業から新商品や新サービスが生まれています。

けれども難しいことに、多大な予算や人員をかけて生み出された商品やサービスがヒットするとは限りません。わずか数カ月で店頭から消えてしまうものもあれば、思うようにユーザー数を集められず、人知れずサービス終了してしまうものも少なくない。どうしてこうしたことが起こってしまうのでしょうか。なぜなら生活者が思い描いているのは、あくまで日常時における「あったらいいな」であり、往々にしてそれは似通ったものになってしまいがちだからです。

日常時だけを考えると、まさにそこは〝レッドオーシャン〟。あらゆる企業が商品やサービスを生み出そうとしている領域であり、その範囲だけで発想しようとすると、結局のところ細かい機能や価格といったところでしか差別化できなくなってしまい、〝消耗戦〟の様相を呈することになります。

そこで、「フェーズフリー」というフィルターを通してみましょう。すると、アイデアを生み出すための視野は日常時から非常時にまで広がります。日常時にも非常時にも価値あるもの、役立つサービスは何か、と発想の可能性を広げることで、これまでにない商品やサービスを生み出すヒントとなるのです。では、具体例を見てみましょう。

事例 コクヨ コンパクトテーブル「MULTIS」

オフィス家具や文具で知られるコクヨも、まさにそういったフェーズフリーの有用性に着目し、共感してくれた企業のひとつです。

コクヨのフェーズフリーへの取り組みがはじまったのは、COVID-19（新型コロナウイルス感染症）が流行する以前の2019年。コクヨにとっての顧客である企業や自治体などで、少しずつ「働き方改革」が進み、テレワークや複業など多様な働き方が広がり始めた頃でした。[12] それにともない、誰もが働きやすい新しいオフィス環境を模索する動きを感じたコクヨは、これまでとは違った視点での商品開発の必要に迫られます。そこでコクヨが着目したのがフェーズフリーでした。

そうして生まれたのが、コンパクトテーブル「MULTIS（マルティス）」です。MULTISはコンパクトテーブルの名のとおり、幅80㎝奥行き60㎝と非常に小さく、誰でも簡単に持ち運べるテーブル。テーブルの脚にはマグネットがついていて簡単にテーブル同士を連結することが可能なため、ソロワーク用に切り離した状態から、瞬時にミーティング用デスク環境に切り替えられるなど、多様化するワークスタイルに柔軟に対応したオフィス活用が可能です。

こうした特徴は非常時においても、大きな価値を発揮します。たとえば、災害対策本部を立ち上げたり、ソーシャルディスタンスの取れるレイアウトを作ったりする手間を、大幅に削減できるのです。また、それぞれのデスクにはソロワーク時に集中して働くための半透明パネルを設置できるため、これを用いれば、飛沫感染のリスクを低減できるほか、たとえば災害時に臨時の申請・面談用窓口を設置する際などにも、即時にプライバシーに配慮した環境の用意が可能になっています。MULTISは、多様なワークスタイルという日常のクオリティを高めつつ、非常時のオフィス環境の質も高められる製品なのです。

コクヨはほかにも、同様のコンセプトで企画されたロビーチェアー「SOLOS（ソロス）」や、パーテーションとホワイトボードの機能をあわせ持つ「GRABIS（グラビス）」といった、複数のフェーズフリー認証商品を開発。特にSOLOSは、公益社団法人日本インダストリアルデザイナー協会によるJIDAデザインミュージアムセレクションに選定されるな

SOLOS　　　　MULTIS&GRABIS

ど、幅広い観点から評価される商品となりました。[13]

事例

明治　液体ミルク「明治ほほえみ らくらくミルク」

フェーズフリーをマーケティングに取り入れた例として、食品メーカーの株式会社 明治の事例も紹介させてください。明治は長年、乳児用の粉ミルクを製造しており、世界で初めてキューブ型の粉ミルクを開発したことでも知られています。[14] そんな明治は2019年に、液体ミルク「明治ほほえみ らくらくミルク」を発売しました。もともと液体ミルクは、海外では1970年代から普及していましたが、日本で製造・販売が可能になったのは2018年に食品衛生法が改正されてからです。その機運が高まったのは、2016年の熊本地震の際、フィンランドから救援物資として液体ミルクが送られたことがきっかけでした。

粉ミルクの場合、ミルクを作るには清潔な70℃のお湯に粉を溶かし、人肌まで冷ます必要があります。しかし避難所では、清潔な水を用意するのも、お湯を沸かすのも大変なことです。一方、液体ミルクならそのまま哺乳瓶に移して飲ませることができます。液体ミルクはそうした有用性から注目を集め、市民からの要請もあり、法改正、そして国内メーカーによる製造販売につながったわけです。

ただ、こうした背景もあり、液体ミルクには「防災備蓄用」「非常時用」というイメージがつき、なかなか一般に普及していきませんでした。そもそも日本では、母乳が出るならなるべく母乳で育てたほうが良いという考え方が浸透しており、「子育てで楽をしようとするのは手抜き」といった考えも、まだまだ根強く残っています。それに何より、仮に防災備蓄用に用意したとしても、赤ちゃんは普段飲み慣れたものでないと、飲んでくれません。そのため、液体ミルクが備蓄目的ばかりになってしまうと、マーケットが広がっていかないという危機感が明治にはありました。

そこで明治は乳幼児向け商品としては初めてフェーズフリー認証を取得し、「日常時にも非常時にも役立つこと」を打ち出すことにしました。

液体ミルクの価値はなんといっても「誰でもすぐに簡単に授乳できること」です。専用のアタッチメントでスチール缶に乳首を取り付ければ、哺乳瓶さえ使わずに授乳することができます。そのため日常においても、朝や深夜、外出時など忙しいときなどに、育児を支えてくれる存在として液体ミルクには大いに価値を発揮してくれます。また、粉ミルクを作るのは温度管理や計量、煮沸消毒など工程が多く、慣れていないと難しいですが、液体ミルクなら誰でも簡単に赤ちゃんにミルクを与えることができます。つまり、これまでパートナーや家族に授乳を任せていた男性などの、育児参画を支えることもできるのです。

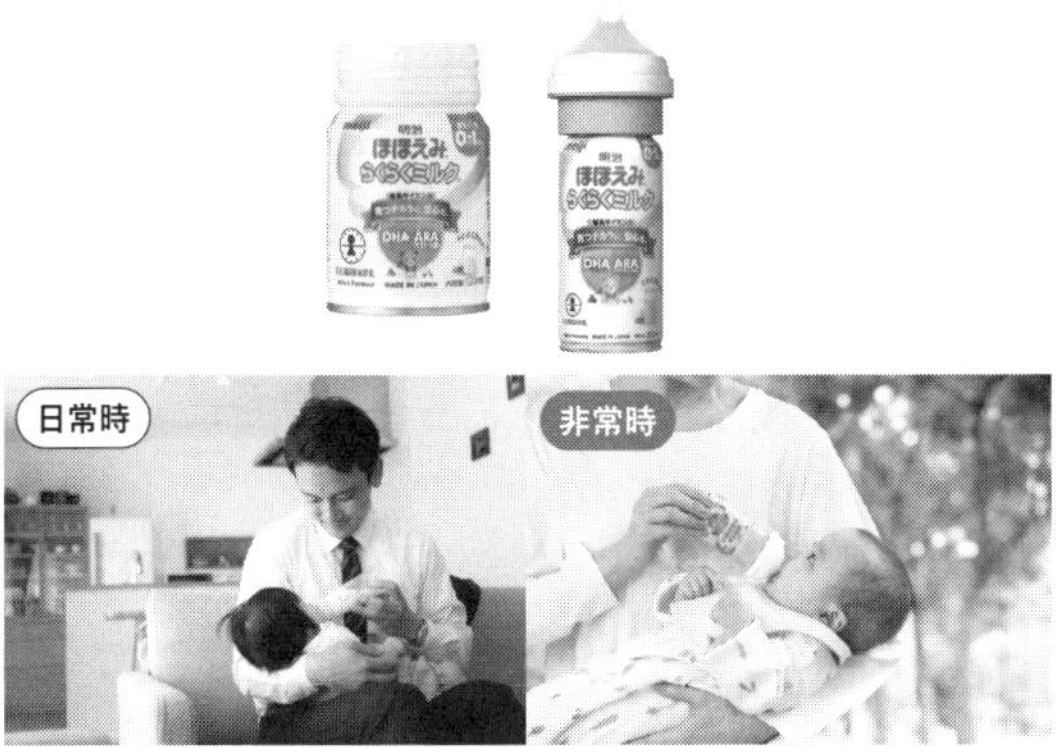

明治ほほえみ らくらくミルク

そしてもちろん、液体ミルクは非常時においても、水道やガスが使えなくても授乳することができるというメリットがあります。また、日常的に液体ミルクを使用していれば、赤ちゃんは非常時にも違和感なくミルクを飲んでくれるでしょう。くわえて、同社の「ほほえみ」は液体ミルクとしては国内最長である18カ月の保存が可能なため、一般的な赤ちゃんが離乳するまでの期間、保存期間を気にせず使えるだけでなく、非常時でも安心して使用が可能です。まさにフェーズフリーな側面を持った商品だったというわけです。

明治は他にも、子育て世代と一緒にフェーズフリーについて考えるオンラインイベントを実施し、フェーズフリーな暮らしを実現するためのヒントや考え方を啓発するなど、その考え方を広めることで、液体ミルクの本質的な価値を伝えようとしています。液体ミルクはまだ乳幼児ミルク市場ではわずか数％のシェアですが、2026年度には16億円の市場規模となることが予測されるなど、少子化の中でも成長分野といえます。[15] そうした中で、いち早くフェーズフリーを打ち出した明治は、7割のシェアを抑えることができているのです。

事例 コスモテック ウェアラブルメモ「wemo」

もともとあった商品がさまざまな場面で活用されるうち、「それってフェーズフリーでは？」と〟再認識〟されることもあります。

機能性フィルムメーカーのコスモテック株式会社は、もともと企業向け製品を主力とする企業でした。[16]「機能性フィルム」というと馴染みがないかもしれませんが、液晶モニターやパソコンなどの電子機器に使われるテープ素材です。ところがリーマンショック以降売上が激減し、新たな売上の柱となる新規事業開発が急務でした。そこで独自のコーティング技術を応用し、油性ボールペンで何度も書いて消せるシリコンコーティング素材を開発。看護師が自分の手に直接メモ書きしていることに着想を得て、「いつでも どこでも 書ける 思いだせる」をコンセプトに、リストバンド型のウェアラブルメモ「ｗｅｍｏ」を２０１７年に発売しました。

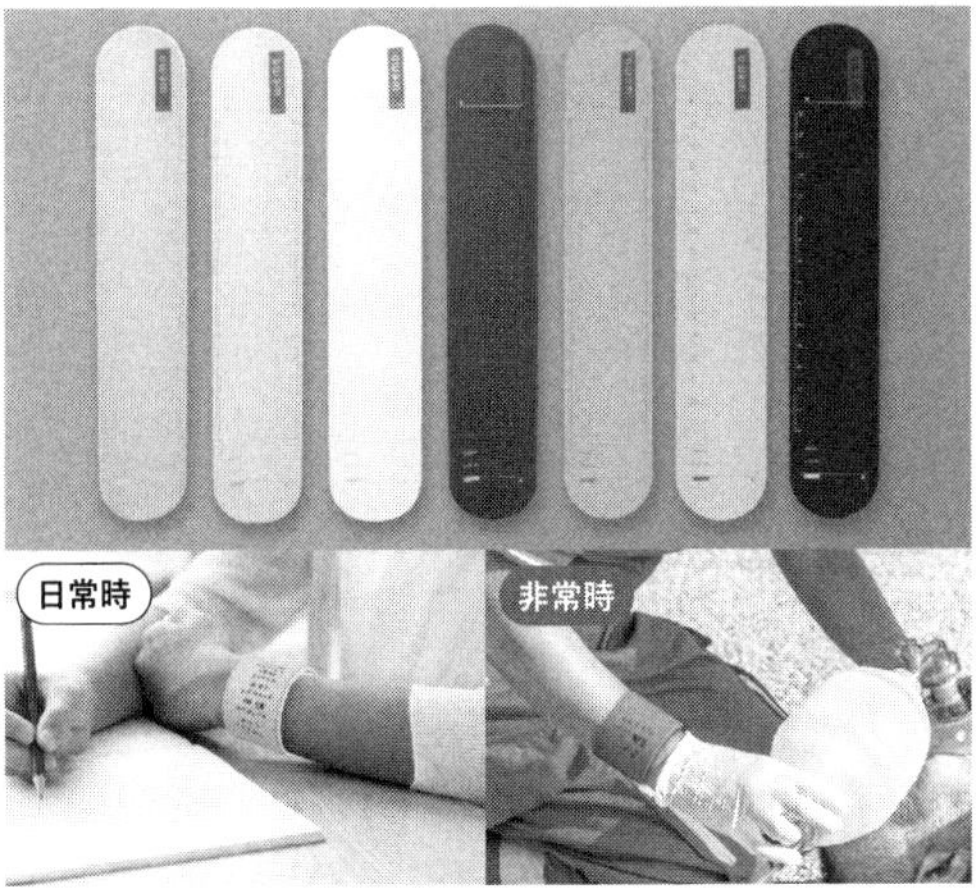

wemo

当初はニッチなニーズだと思われていましたが、初年度だけで販売数10万本を記録。その後、パッドタイプやケースタイプなどラインナップを拡充して順調に売上を伸ばし、今ではシリーズ累計１００万個超を売り上げる人気商品となっています。

ｗｅｍｏを活用できる場面は多岐に渡ります。当初は看護師や介護従事者などに、業務中のいつでもどこでもメモ書きできるものとして利用されていましたが、濡れても文字が消えずふやけないという特性から、工事現場など屋外作業を行う人も利用するように。また、発達障害や認知症など記憶が困難な人から「つねに身につけられて安心できるメモ」として重宝されるようになりました。さらに災害など非常時に、救護活動や復旧活動などに従事する方が情報を書き留めたり、トリアージ（多数の傷病者が発生した際、緊急度や重症度に応じて治療優先度を決めること）に使ったりするようになったのです。

こうした活用方法がまさに「ユニバーサルデザイン」だと評価され、ｗｅｍｏは「日本文具大賞 機能部門優秀賞」や「グッドデザイン賞」などを受賞。さらに「日常時にも非常時にも役立つ」フェーズフリーの基本概念とも一致しているということで、２０２１年からコスモテックはフェーズフリーアクションパートナーとして活動するようになり、フェーズフリー認証も取得。ｗｅｍｏには発売当初からフェーズフリーにとって重要な要素が備わっていましたが、改めてフェーズフリー認証商品となることで、日常時と非常時における有用性を訴求することにつながりました。

事例 デベロップ レスキューホテル「HOTEL R9 The Yard」

フェーズフリーの考え方を新規事業開発に活かしたのは、建築・不動産事業やエネルギー事業、ホテル事業、トランクルーム事業や子育て支援事業など、幅広く事業を手掛ける株式会社デベロップです。デベロップはもともと、建築用コンテナモジュールの研究開発・

HOTEL R9 The Yard

建築会社として2007年に創業しました。2017年、中部国際空港国際ターミナル内へのカプセルホテル開業を機にホテル事業に進出。そして2018年に新たにオープンした「HOTEL R9 The Yard」が、まさにフェーズフリーなホテルなのです。

きっかけは2011年の東日本大震災。デベロップは震災直後から備蓄倉庫コンテナや復興事業従事者用の宿泊施設建設など、復興支援に携わっていました。そこで直面したのは、被災者が避難所で強いられる大変な苦労です。見ず知らずの人と共同生活しなければならず、「快適な暮らし」とはほど遠い。少なくとも仮設住宅ができるまでは、多くの被災者が我慢の日々を過ごさなければなりません。それなら、コンテナをホテルにして、被災地にまるごと移設すれば、非常時でも安心して暮らせる空間を迅速に提供できるのではないか――。そんなアイデアを形にしたのが、レスキューホテル「HOTEL R9 The Yard」です。

HOTEL R9 The Yardの先駆けとなった「HOTEL R9 SANOFUJIOKA」は、もともと宮城県石巻市で復興事業従事者用の宿泊施設として利用されていたコンテナモジュールを栃木県佐野市へ移設し、ビジネスホテルとしてリニューアルしたもの。非常時に役立っていたものを日常時にも活用しようという発想です。レスキューホテル「HOTEL R9 The Yard」はいわば、その逆の発想。日常時にはロードサイド型のビジネスホテルとして展開し、非常時となれば直ちに被災地へ客室ごと移設し、1棟独立型の仮設住宅として活用してもらうというわけです。

このビジネスモデルが革新的なのは、各地にレスキューホテルを展開するのと並行して、各自治体との災害協定締結を推進した点にあります。つまり、「非常時にはあなたの自治体にレスキューホテルを出動させますよ」という協定を結ぶということです。この狙いは見事に当たりました。レスキューホテル第1号店オープンからわずか5年足らずで全国70以上の施設・2500を超える客室を展開し、130を超える自治体と災害協定を締結する急成長を遂げたのです。

その追い風となったのは、COVID-19でした。2020年4月、長崎港に停泊中の大型クルーズ船で集団感染が発生し、医療従事者や専門家が派遣されることになりました。HOTEL R9 The Yardは初となる出動を行い、彼らの拠点となったのです。1棟独立型のため感染対策が取りやすく、ニーズによって室内空間を変更することも可能なため、その後、自治体や民間病院より要請を受け、PCR検査施設やナースステーションなど、臨時の医療施設として転用されました。

HOTEL R9 The Yardが発揮しているのは、非常時における価値だけではありません。日常時はビジネスホテルとして活用され、平均稼働率は7~8割と高い水準で推移。その秘訣は出店戦略にあります。[17] これまでビジネスホテルがあまりなかったインターチェンジや工業団地近くなどの遊休地に出店することで、30~40室前後という地域の需要に合わせて最適化しているため、高い収益性を実現しているのです。また、通常のビジネスホテルでは「壁が薄くて隣の音が聞こえる」なんてこともありますが、HOTEL R9 The Yardは独立型の客室のため、静かでプライバシーも保たれます。13㎡という十分なスペースに広めのユニットバスや高級ベッド、冷凍冷蔵庫や空気清浄機、電子レンジを備えており、同価格帯のビジネスホテルよりも快適な空間となっているのです。

こうして日常時と非常時のニーズを満たし、レスキューホテルを急成長させたデベロップは、会社のビジョンとして「共通価値の創造企業（Creating Shared Value Company）」を掲げ、重点施策のひとつとして「コンテナホテルによる『フェーズフリー』の実現と普及」と明記しています。[18] フェーズフリーがビジネスを成長させる大きな推進力になると信じているからです。

行政が迫られている選択

レスキューホテルの事例にも垣間見えるとおり、フェーズフリーは行政からもその有用性が注目され、次々と導入されています。その背景にあるのは、行政における、日本特有の課題意識です。

日本が直面しているのは、少子高齢化による生産年齢人口の大幅な減少です。内閣府の試算では、２０５０年には２０２１年と比較して、約3割減少するとされています。[19] そのため、現時点でも既に多くの業界で人手不足が叫ばれており、深刻な問題となっているのです。そしてこれは、行政も例外ではありません。

生産年齢人口の減少はそのまま税収の減少につながります。さらに社会保障費は年々増大し、現時点でも一般会計歳出のおよそ5割強。今後全人口に占める高齢者の割合が増える中、ますますの負担が見込まれます。けれども税収が減るからといって、行政サービスを縮小するわけにはいきません。特に地方行政において、地方交付税交付金など国からの財政的な援助はあるものの、国民健康保険や介護保険、福祉施策など社会保障に関わるサービスを行っているのは自治体です。さらに都市計画や整備、市民の生活基盤の維持など地方行政には重要な役割があります。さまざまな問題が山積し、市民からのニーズも多様化する中、どの分野にどれだけの予算と人員を割くか。どの自治体も非常に難しい判断を迫られているのです。

そうすると、非常時にしか役に立たない防災関係予算を確保するのはますます困難なものとなります。けれども日本は災害列島。実際に災害が起こってしまうと、そのわずかな防災関係予算だけでは市民を守れないかもしれないのです。

日常時に市民から求められる福祉や教育、都市整備や地域振興といった行政サービスを維持・発展させながら、いかに非常時に市民の生活や命を守るか――。そんな難しい命題に対し、より良い提案ができるのがフェーズフリーです。

ここまでお読みくださった方であれば予想がつくのではないでしょうか。そう、防災関係予算だけでなく、都市計画や地域振興、教育など、ほかの分野で行われる取り組みをフェーズフリー化することで、全体の予算を大幅に増加させることなく、非常時における取り組みを増やすことができるのです。まさに「一石二鳥」「一挙両得」な考え方だといえるでしょう。

それにくわえて、市民としても、自分たちの大切な税金を「いつ役立つかわからないもの」より「普段の市民生活を豊かにしながらも、もしもの時にも価値を発揮するもの」に使われたほうが「有効な活用法」だと考えるでしょう。

また、日常時から利用される施設、モノやサービスであれば、継続的に運用され、メンテナンスされます。そのため、もしもの時だけに向けた、一見して無駄に見えてしまう維持費が発生しないのです。同じくらい維持費がかかるのであれば、非常時にしか役に立たないものよりも、日常的に利用されるモノやサービスに対して維持費をかけたほうが市民の理解も、当然得られやすいでしょう。

市民の期待と厳しい視線が寄せられる行政にとって、フェーズフリーは持続可能な行政サービスと災害対策を両立するための、現実的な方法なのです。ここからは、そうした行政における取り組みをいくつか紹介したいと思います。

事例 徳島県鳴門市「フェーズフリーのまち」

前述したとおり、徳島県鳴門市は「フェーズフリーのまち」というコンセプトのもと、様々

ウズパーク

UZUHALL

な公共政策にフェーズフリーを取り入れています。その全てを紹介しようとすると膨大な文量になってしまうため、それでも少し長くなってしまいますが、ここではその一部を紹介しましょう。

〈ウズパーク〉

最初に紹介するのは、2018年にオープンした複合施設「ウズパーク」です。ウズパークは西日本最大級のスケートボードパークをメインに、屋外型バスケットボールコート、多目的ホール「UZUHALL（ウズホール）」などを併設する総合スポーツ施設。

これらは計画段階よりフェーズフリーを念頭に設計されているため、あらゆる仕様が日常時と非常時の両方で価値が発揮されるようになっています。たとえば、無料施設としては国内最大級のボルダリングウォールを備えるUZUHALLは、災害時、多くの人を収容する避難場所として活躍します。

避難時、ホールには多くの人が訪れ、床に寝たり、休んだりすることになります。もし日常時、ホールの床に遊具や道具などが置かれていると、いざという時にはそれらを撤去する作業が発生してしまう。しかしボルダリングであれば、床には何も置く必要がないため、すぐに多くの避難者を受け入れることが可能なのです。

また、ボルダリングで使用するクッションも、非常時には簡易ベッドとして避難生活を快適にサポートしてくれます。ボルダリングという日常を楽しませてくれるアクティビティが、非常時のＱＯＬ（クオリティ・オブ・ライフ／生活の質）を高めてくれるように設計されているのです。

この他にも、数えきれないフェーズフリーな設計が盛り込まれたウズパークは、総合スポーツ施設としては初のフェーズフリー認証を取得したことで露出も増加。開業からわずか３カ月で入場者数１万人を、２０２２年には15万人を突破する人気の施設となっています。

〈道の駅くるくる なると〉

次に紹介するのは、四国圏で最大の売上を誇る道の駅「道の駅くるくる なると」です。この地域は災害時の浸水地域であるため、「道の駅くるくるなると」は津波避難場所に指定され、いつ地震が起きても逃げ込めるように24時間開放されています。

通常、こうした地域に設置されることが多いのは「津波避難タワー」です。しかし津波

くるくる なると 立体的な陳列

くるくる なると 屋上の避難スロープ

避難タワーは東日本大震災以降、全国で約５００棟が建設されたものの、維持費の負担が問題となっています。[20]

そこで「道の駅くるくる なると」では、建物の屋上を避難場所として活用できるようにしました。屋上は人工芝の広場になっており、屋上までの道も人工芝がひかれたなだらかな坂になっているため、日常時は親子がソリ遊びをしに訪れるなど、地域に賑わいをもたらすだけでなく、道の駅の集客にも一役買っています。そして、この勾配がゆるやかであるため、非常時には車椅子の方や高齢者にとっても避難しやすい、広々としたスロープとして機能するのです。

また、道の駅の商品は非常時には１０００人が３日間過ごせるだけの〝備蓄食料〟となります。この膨大な量の確保を可能にしているのは、他の道の駅ではあまり見られない、立体的なディスプレイ手法です。売り場を商品で徹底的に満たしてジャングルのような空間を形成し、顧客に商品を探す楽しさなどを提供しています。つまり、道の駅としての売上を追求することで、非常時の食料をも確保できる設計なのです。

まさにフェーズフリーな仕掛けといえるでしょう。

〈普段使い出来るハザードマップ〉

鳴門市の取り組みは、こうした施設のみではありません。たとえば、ハザードマップにもフェーズフリーの視点が採用されています。

読者のみなさんは、お住まいの地域のハザードマップが頭に入っていますでしょうか？もし入っていなくとも、いざという時に確認できるよう、ハザードマップを手元にお持ちでしょうか？　おそらく大半の方は、どちらにも該当しないのではないかと思います。これは防災用品などと同じように、ハザードマップには日常において価値を感じにくいからです。

であれば、ハザードマップを日常においても価値のあるものにしよう。そう考えて鳴門市が開発したのが、登山道や山の標高などを記載した、普段使いできるハザードマップです。鳴門市は市民が普段行っている運動に「散歩」や「ウォーキング」が多いことに着目し、ハザードマップをウォーキングやハイキングにも活用してもらえるようにすることで、健康増進を促しながら、災害にも備えられる仕組みを考えたのです。

鳴門市はここで紹介した以外にも、学校教育や浄水場、市庁舎、コミュニティセンターなど、ありとあらゆる施策や設備等にフェーズフリーを採用しています。そしてこれらは、鳴門市以外の地域においても有効なはず。もっと詳しく知りたい方は、ぜひ調べてみてください。きっと、お住まいの地域でも参考になる事例がたくさん見つかるはずです。

イケ・サンパーク

事例

東京都豊島区「イケ・サンパーク」「イケバス」

〈イケ・サンパーク（豊島区立としまみどりの防災公園）〉

東京都豊島区もフェーズフリーをまちづくりへ採用している自治体です。豊島区はかつて財政破綻の危機に瀕し、2014年には日本創生会議に東京23区内で唯一「消滅可能性都市」と指摘されるなど、停滞感が漂う地域でした。[21]また戦後間もなく都市化が進んだため木造住宅の密集する地域が多く、道路が狭く消防車や救急車が入りにくい、火事や地震の際に延焼や倒壊の可能性も高いなど、防災上の課題も抱えていたのです。

そこで豊島区は、住民からの要望もあり、市民の憩いの場でありながらそうした課題を解決する公園を整備することを決めました。[22] そうして2020年に誕生したのが、区内最大の防災機能を備えた「豊島区立としまみどりの防災公園（通称：IKE・SUNPARK［イケ・サンパーク］）」です。

イケ・サンパークには、フェーズフリーなアイデアが数多く詰まっています。まず注目していただきたいのは、そのフラットな作りです。上から見てみる（P83）とわかりやすいのですが、イケ・サンパークは、どこにも「入口」がありません。どこからでも入退場が可能になっています。これはイケ・サンパークが、周囲の商業施設や住宅街などから人々が集まり、交流し、街に賑わいをもたらすことを目指して設計されているからです。

そうした設計は同時に、避難が必要な非常時において「どこからでも避難できる」というメリットを生み出しています。大きな災害が発生した時、入口が限られていると、パニックによる人の将棋倒しなどが発生しかねません。日常におけるコミュニケーション活性化を促す仕組みが、避難場所としての効果を強化しているのです。

また、そうしたフラットで開けた造りのおかげで、緊急用のヘリコプターや、大型の輸送用トラックなども乗り入れられるようになっています。そのため、救援物資の集配拠点や復旧資材置き場としても活用しやすくなっているのです。

別のポイントも見てみましょう。写真の右下部分を見ると、住宅地に面した側に木がたくさん植えられているのがわかると思います。ここでは公園に遊びに来た親子などが、夏場に木陰で涼むなど、熱中症等を予防することが可能です。植えられているのはシラカシ。仮そう、耐火樹として知られる常緑広葉樹です。仮に住宅街側で火災が発生したとしても、防火林として延焼を防ぐ効果が期待できるのです。

ここでは紹介しきれないほどに、イケ・サンパークには他にもフェーズフリーなアイデアが多数採用されています。様々なメディアで紹介されていますので、気になった方はぜひ調べてみてください。

IKEBUS

〈イケバス（IKEBUS）〉

さて、豊島区のフェーズフリー施策を語る上では、こちらも欠かせないでしょう。先にも少し紹介した電気バス「IKEBUS（イケバス）」です。イケバスは2019年に運行を開始した、イケ・サンパークをはじめとする区内の公園や池袋駅西口、サンシャインシティなどの主要施設をゆったりとした速度でつなぐ、池袋のシンボルです。「まちなか交流バス」とも呼ばれ、今や池袋の観光やコミュニティ形成にとって欠かせない存在となっています。[23]

そんなイケバスは電気自動車としての特性を活かし、停電時などには、貯めている電力を利用して、照明の電源車や携帯電話の移動できる充電ステーションとして稼働が可能です。10wの電球であれば、25個10時間ほどの照明、携帯電話であれば約2000から2500台分の充電が可能となっているのです。

通常、自治体が非常用電源を備える場合、大きなコストが発生します。くわえて導入コストだけでなく、日常は使用することがないにもかかわらず、メンテナンス維持費などもかかってしまう。また、仮に非常用電源を確保していたとしても、いざという時にうまく活用されないケースがあることは、第1章でご紹介したとおりです。

一方で、イケバスの場合にはそういった課題をクリアすることができています。普段はバスとして営業を行っているため、日常的な維持管理が可能。また、日頃から街中を巡回しているため、必要が発生した際にすぐ出動することが可能になっているのです。

豊島区のフェーズフリーを採用したこのような街づくりは高く評価されており、2020年には豊島区が「自治体SDGsモデル事業」都市に認定され、2021年にはイケ・サンパークが「グッドデザイン賞」などに輝いています。豊島区は街づくりにおけるフェーズフリーの可能性を示す、良い事例だといえるでしょう。

事例 愛媛県今治市「今治市クリーンセンター　バリクリーン」

続いて紹介するのは、日本で初めて廃棄物処理施設にフェーズフリーの概念を取り入れた、「今治市クリーンセンター　バリクリーン」（2018年3月竣工）です。

2005年、愛媛県内の12市町村合併に伴い、今治市は4つの廃棄物処理施設を管轄することに。[24] いずれも老朽化が進んでコストもかかるため、まとめて1カ所に集約して新たな施設を造ることになりました。けれどもどの自治体にも言えることですが、廃棄物処理施設の建設は近隣住民からの反発を招き、なかなか歓迎されるものではありません。今治市でも例外ではありませんでした。

今治市クリーンセンター バリクリーン

今治市は地元住民から「建設候補地を他の場所にしてほしい」と、強い反対に遭います。現在の敷地に変更することで、しぶしぶ了承は得られたものの、市には「本当の意味で市民に貢献できる施設を建設したい」という気持ちが残っていました。

そこで作られたのが、「平常時は地域に開かれており、非常時には地域を守る防災拠点として貢献できる施設」というコンセプトです。このコンセプトは、地元住民のみならず、大きな反響を呼びました。

たとえば、緑地の活用方法。ご存じない方が大半かと思いますが、敷地面積が1000平方メートル以上のごみ焼却所は、一定面積の緑地を持つように法令で定められています。[25] バリクリーンの写真（P87）をご覧ください。通常、緑地は柵の内側に設けられます。一方で、バリクリーンは緑地を柵の外側に設けることで、近隣住民に開放しています。日常的に、散歩や運動に使えるスペースとして活用してもらえるように設計されているのです。

そしてこの開放された緑地は、災害時においても価値を発揮します。災害ごみの仮置き場として活用できるようになっているのです。どういうことでしょう?

災害が発生すると、倒壊した住宅の瓦礫や、雨で流れてきた大量の木や枝など、大量のごみが発生します。しかし、そうしたごみは日常の生活ごみのように簡単に回収することはできません。なぜなら災害ごみは様々な種類のごみが入り混じっている上、災害時にはごみ回収業者なども通常どおりに動くことが困難なケースが多いからです。しかし、町中にごみが散乱している状況は望ましくありません。そこでバリクリーンは、日常においては地域に開放している緑地スペースを災害ごみの仮置き場として提供することで、災害時においてもその価値が発揮できるように設計されているのです。[26]

その他にも、日常時には環境負荷の低減や地域への安定した電力供給を目的として使用されているゴミ焼却発電設備が、停電時のプラント稼働に利用できたり、日常においては市民がスポーツ等に利用できる多目的ホールが、災害時には避難スペースとして利用できるようになっていたりと、バリクリーンには様々なフェーズフリーな施策が組み込まれています。これらにより、最大320名の市民が1週間ほど避難生活を送れるだけのスペースや食料、日用品、電気設備や水道などが確保されているのです。

こうしたバリクリーンのフェーズフリーなコンセプトは、「まったく新しいごみ処理施設モデル」として注目を集め、「ジャパン・レジリエンス・アワード2019」「Rethinkアワード2023 自治体部門」などを受賞しています。全国の自治体からの問い合わせや視察も相次いでおり、フェーズフリーを採用することで世間的な評価が高まることを示す、よい事例と言えるでしょう。

価値のスパイラルアップを起こしたい

本章ではここまで、フェーズフリーがどのようにして広まってきたか、そして、フェーズフリーを採用した様々な事例が、どれだけ支持を得ているか、などについて紹介してきました。

ビジネスの領域において「VUCA時代（先行き不透明で未来予測が困難な、変動性の高い時代）」という言葉が盛んに語られるようになって、久しいです。そして、その一端が、世界規模のCOVID-19の流行として現実のものとなった今、これまで以上に多くの企業がSDGsやニューノーマルに取り組む必要性を感じているのではないでしょうか。そうした社会的な背景を鑑みても、これらのフェーズフリーを用いた取り組みたちが多くの支持と注目を集めていることは、ある種必然と言えるのかもしれません。

2020年に**三菱総合研究所がニューノーマル時代における提言として、「未来に起こりうる危機を先取りし、国土の均衡ある成熟へとかじを切り替える必要がある」と、フェーズフリー社会の実現を説いた**ことも、その現れのひとつでしょう。[27]

こうした流れの中、フェーズフリー協会では2021年より「フェーズフリーアワード」を開催しています。より多くの方の手によってフェーズフリーを生み出し、それらを社会に還元することで新たな気づきを促し、さらに多くの方にフェーズフリーのことを深く理解してもらう機会を設けるためです。フェーズフリーな商品やサービス、施設等を募集し、最初期からフェーズフリーを支えて下さっている目黒公郎氏をはじめとし、様々な分野の専門家を迎え審査を行い、受賞対象を決定しています。回を追うごとに応募数も増え、フェーズフリーへの理解と共感が広がりつつあるのを実感しています。

フェーズフリーアワード2023

デジタルデータではなく、実際の工業製品や建造物、サービスや仕組みだったりもするので、〝初音ミク〟のようなスピード感とはいきませんが、それでもたしかに、着実にひとつずつ形となり、それらに触発された人がまた新たなものを生み出す……そんなスパイラルアップが生まれています。

あらゆる人が参加し、あらゆる人がそれぞれの〝個〟としての視点からフェーズフリーについて考え、日常時にも非常時にも価値あるものとは何かと発想し、これまでにない価値を生み出す。そんな〝気づきの連鎖〟が起こっているのです。

8 「VOCALOID（ボーカロイド）」および「ボカロ」はヤマハ株式会社の登録商標です。

9 「Google Chrome : Hatsune Miku（初音ミク）」
GoogleChromeJapan https://www.youtube.com/watch?v=MGt25mv4-2Q

10 「「初音ミクの著作権ってどうなの?」」販売元のクリプトン伊藤社長が講演」INTERNET Watch（２００８年３月18日）
https://internet.watch.impress.co.jp/cda/event/2008/03/18/18840.html

11 「過去の会長挨拶」公益社団法人日本地震工学会 https://www.jaee.gr.jp/jp/general/greeting/past_presidents/

12 「環境に応じて自在に変わるオフィス家具」リスク対策．ｃｏｍ（２０２２年３月14日）
https://www.risktaisaku.com/articles/-/66015

13 「ロビーチェアー「SOLOS（ソロス）」、JIDAデザインミュージアムセレクションｖｏｌ．23に選定 フェーズフリー認証を取得したロビーチェアー」KOKUYO（２０２１年12月17日）
https://www.kokuyo.co.jp/newsroom/news/category/20211217fn.html

14 「明治 粉ミルクの歴史」株式会社明治
https://www.meiji.co.jp/baby/club/category/study/milk_powder/st_milk_powder267.html

15 「「液体ミルク」を自治体が「防災備蓄」する深い意義」東洋経済ONLINE（２０２１年10月17日）
https://toyokeizai.net/articles/-/461602?page=3

16 Kenma https://www.kenma.co/wemo

17 「なぜ「レスキューホテル」はコロナ禍でも稼働率が高いのか?」THE GOLD ONLINE（２０２１年９月27日）
https://gentosha-go.com/articles/-/33620

18 株式会社デベロップ https://develop-group.jp/about/

19 内閣府「令和４年版高齢社会白書」（２０２２）

20 「「津波避難タワー」費用負担が課題…「高齢者にはきつい」建設しても使われないケースも」讀賣新聞オンライン（２０２２年４月６日）
https://www.yomiuri.co.jp/national/20220406-OYT1T50042/

21 「消滅可能性都市の指摘からのまちづくりの発展の姿」豊島区（2020年11月）
https://www.city.toshima.lg.jp/001/kuse/shingi/documents/r2shingikai1-1.pdf
22 「URが目指す持続可能なまち」日本経済新聞
https://ps.nikkei.com/ur202203/index.html
23 「フェーズフリーの防災公園が、〝にぎわいと安心〟の両方を生む。」ジチタイワークスVol.19（2022年4月発行）
https://jichitai.works/article/details/1073
24 「平常時も災害時も市民に開放し、親しまれるごみ処理施設に。」ジチタイワークスVol.19（2022年4月発行）
https://jichitai.works/article/details/1074
25 建築基準法第51条ただし書き許可取扱基準
26 現在は本緑地に加え、近隣の土地に新たな公園（災害時仮置き場）が整備されたため、機能が拡充されている。
27 「ポストコロナを俯瞰する　その3：コロナ危機を契機とした地方創生推進のポイントは?」三菱総合研究所（2020年11月30日）
https://www.mri.co.jp/knowledge/column/20201130_3.html

第3章

フェーズを超えたニーズを探る

定義と原則から視点を得る

ここまで、社会に浸透しつつあるフェーズフリーを、官民の実例を用いてご紹介してきました。具体的な製品やサービス、事業として見ていくと、ひとくちに「フェーズフリー」とはいっても、そこには様々なタイプのフェーズフリーがあることにお気づきいただけたかと思います。

もしかすると、「なんでもかんでも、考え方によっては全てがフェーズフリーと呼べるのではないか？」と感じた方もいらっしゃるかもしれません。しかし、決してそういうわけではありません。

第2章でも簡単に触れたとおり、フェーズフリーはアカデミックな領域から広まった概念であるため、そこには明確な定義や原則が存在します。同じく第2章で紹介したフェーズフリーアワードやフェーズフリー認証制度でも、こうした定義に則って審査がなされています。この次の第4章では、具体的にフェーズフリーを採用したアイデアの作りかたを紹介しますが、その前に、この第3章では、フェーズフリーのそのような厳密な定義について、事例を交えて紹介しておきましょう。

本章を読んでいただければ、フェーズフリーについてより深く理解できるとともに、多様な視点からアイデアを生み出せるはずです。少しだけ込み入った内容になりますが、順を追って説明しますので、無理のないペースで読み進めていただけると嬉しいです。

社会の状況を問わない価値を作る

まずは、「フェーズフリー」という概念について、辞書的な定義を確認しておきましょう。フェーズフリーという新しい概念を形にするにあたって、フェーズフリー協会では、前身のフェーズフリー総研時代から、理事や委員らとともに議論を重ねてきました。メンバーは防災やデザイン、建築、情報コミュニケーションの専門家やマーチャンダイジング（MD・商品計画）の責任者など、異なる専門分野の持ち主です。それらメンバーがそれぞれの知見を持ち寄り、学際的に分野を横断しながら、フェーズフリーの定義を検討したのです。

そして幾度ものブラッシュアップを経て、「フェーズフリー」を次のようなものと定義しました。

Phase Free（フェーズフリー）：日常時や非常時などのフェーズ（社会の状態）にかかわらず、適切な生活の質を確保しようとする考え方、概念

これは言い換えれば、「いつも私たちの生活を豊かにしているモノやサービスを、もしもの際にも生活や命を支えてくれるようにデザインしよう」「あらゆるものを日常時と非常時という2つのフェーズからフリーにして、QOLの向上を図ろう」ということです。どういった意味でしょうか。左ページの図をご覧ください。

この図は、「フェーズフリーの商品・サービス」「従来の商品・サービス」「防災用品・サービス」が、私たちの生活の質（QOL）に対してどれほどの価値を発揮するのかを、日常から非常時にフェーズが移り、また日常に戻る流れを軸に比較した図です。縦がQOLへの影響度、横が時間の経過を表しています。

まずは「従来の商品・サービス」の矢印をご覧ください。私たちが日常的に利用している商品やサービスの多くは基本的に、日常時における利用を前提にデザインされています。そのため、日常時（図における左端と右端）においては、私たちの暮らしの質に対して大きく貢献してくれる。けれどもそうした商品やサービスは、社会が「非常時」のフェーズに入ると、途端に価値が下がってしまいます。たとえば、ガソリンが入手困難となり、ガソリン車が使えなくなってしまう、などです。これらは社会が日常に向かうにつれ、徐々に価値を取り戻していきます。

次に「防災用品・サービス」の矢印を見てみましょう。これらは社会が非常時に入った際には、その価値を遺憾なく発揮してくれます。

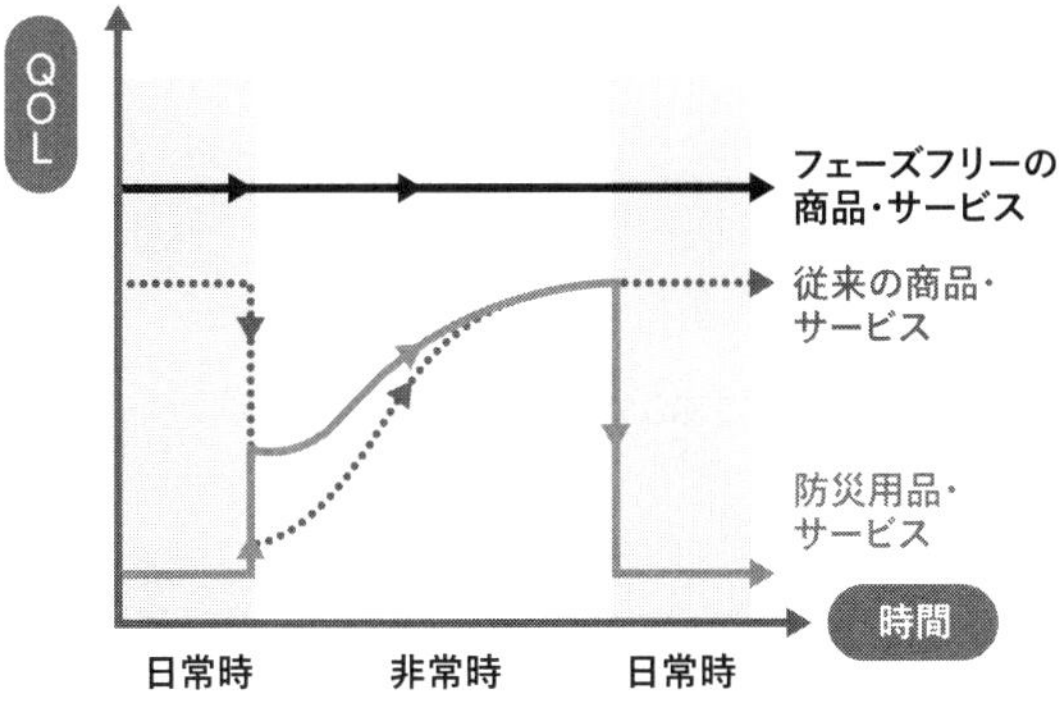

フェーズフリーとQOL

非常時において、私たちの生活の質は大きく下がってしまいますが、それを底上げしてくれるのが防災用品・サービスです。しかしこれらは、日常においては多くの場合生活の質に影響しない、つまり価値を成しません。

以上のことからわかるのは、「**商品やサービスの価値は、社会の状況に左右されてしまう**」という事実です。

これを踏まえて、フェーズフリーは、そうした「社会のフェーズ」を問わずに、それぞれの状況に応じた高い価値を発揮できるものだと定義しました。日常時には日常における従来以上の価値を発揮し、その価値が非常時においてもQOLの向上に貢献してくれる。社会の状況に左右されず、つまり、「フェーズからフリー」になって、常にQOLの向上に貢献してくれるものこそがフェーズフリーだということです。

5つの原則

では、社会の状況（フェーズ）に左右されずに価値を発揮するものがフェーズフリーであるならば、そうしたデザイン（社会の状況に左右されない価値を発揮できるデザイン）は、どのような方針のもとに実現されるのでしょう。

たとえば「ユニバーサルデザイン」には、「公平性」や「自由度」など、7つの原則が設けられています。ユニバーサルデザインを実現するための方針が設けられているのです。同様にフェーズフリーにも5つの原則、大切にしている考え方が設けられています。「**1. 常活性**」「**2. 日常性**」「**3. 直感性**」「**4. 触発性**」「**5. 普及性**」の5つです。それぞれを見てみましょう。

1 常活性：日常時だけでなく、非常時にも快適に利用することができる

ひとつめは「常活性」です。常活性とは、日常時はもちろん、非常時も含めてどんな状

01	**常活性** どのような状況においても 利用できること。	日常時だけでなく、非常時にも快適に利用することができる
02	**日常性** 日常から使えること。 日常の感性に合っていること。	日常の暮らしの中で、その商品やサービスを心地よく利用することができる
03	**直感性** 使い方、使用限界、利用限界が分かりやすいこと。	使用方法や消耗・交換時期などが分かりやすく、誰にも使いやすく利用しやすい
04	**触発性** 気づき、意識、災害に対する イメージを生むこと。	フェーズフリーな商品・サービスを通して、多くの人に安全や安心に関する意識を提供する
05	**普及性** 参加でき、広めたりできること。	安心で快適な社会をつくるために、誰でも気軽に利用・参加できる

フェーズフリーの5原則

況でも快適に活用できること。言い換えると、「**日常時におけるQOL影響能力**」と「**非常時におけるQOL影響能力**」が、それぞれ高いということです。

例として、本田技研工業の通信型ナビゲーションシステムを見てみましょう（P103）。ホンダは専用の情報センターサーバーに収集したデータ（VICS情報や気象情報、高速道路料金、ETC割引データなど）を統計処理して活用する仕組みを、通信型カーナビでは世界で初めて実用化しました。

これにより、日常時は一般的なカーナビよりも高精度なルート検索が実現できます。より時間短縮や燃費向上のされたルートの提案が可能なのです（日常時におけるＱＯＬ影響能力が高い）。

また、このシステムは、非常時においても価値を発揮します。地震・津波・豪雨・路面凍結・ホワイトアウトといった災害情報もリアルタイムに反映が可能なため、直前の通行実績がある道をマップ上に表示するなど、災害エリアの回避や避難、復旧に寄与するのです（非常時におけるＱＯＬ影響能力が高い）。

日常時と非常時を問わずに快適な運転を可能にしている点で、常活性の高い製品だといえるでしょう。

2 日常性：日常の暮らしの中で、その商品やサービスを心地よく活用することができる

ふたつめは「日常性」です。これは、日常の暮らしの中で、その商品やサービスを心地よく、快適に活用できること。一見して「常活性」と部分的に重複するように思えるかもしれませんが、少し違います。たとえば、いくら日常時と非常時に価値を発揮できる（常活性がある）製品やサービスであっても、デザインが優れていなかったり、高級過ぎたりして、普段の生活で使われていなければ、意味がありません。「日常性」とは言い換えれば、

どれだけ私たちの日常の暮らしに寄り添っているかという意味なのです。

日常性が高いかどうかは、次の4つの指標をどれだけ満たしているかで判断されます。

- **機能面のデザイン**：日常時に利用したいと感じる機能的価値を持っている
- **情緒面のデザイン**：日常時に利用したいと感じる情緒的価値を持っている
- **入手容易**：日常時において、同種のほかの製品・サービスより手に入りやすい
- **販売容易**：日常時において、製造、輸送、保管などを含め、総合的に販売しやすい

ホンダの通信型ナビゲーションシステム

ランドポート株式会社の「ソーラーランタン CARRY THE SUN（キャリー・ザ・サン）」という製品を例に考えてみましょう。キャリー・ザ・サンは、重さ86g、折りたたむと1・2㎜の厚さになる、非常にコンパクトなソーラー充電式携帯型ランタンです（P105）。

ソーラーエネルギーで電池の交換が不要なうえ、ヨットにも使われる糸を織り込んだセイル生地を使っているので、丈夫で防水にも優れています。四方を照らすやわらかな光で、日常時はインテリアやアウトドア、イベントなど幅広いシーンで活躍し、非常時にはもちろん、電灯として利用できる製品です。

軽量、防水、丈夫でコンパクト、電池交換が不要と機能性に優れていながら、生活に馴染みやすい外観で、カラーバリエーションも豊富。インテリアや野外装飾にピッタリで、「機能面」「情緒面」の両面から日常的に使いたいと思えるデザインです。特に「すべての夜に太陽を」というタグラインや、公式サイトで購入すると、インフラが十分に整備されておらず、夜間の照明に不自由している国や他の地域へソーラーランタンが寄付される仕組みが設けられている点なども、情緒的価値を向上させているといえるでしょう。[28]

ソーラーランタンは他にもありますが、折りたたんで薄く重ねられるパッケージデザインが特徴的で、輸送や保管にも好都合。「販売容易」の面からも、日常性の高い商品なのです。

3 直感性：使用方法や消耗・交換時期などがわかりやすく、誰にも使いやすく利用しやすい

3つめは「直感性」です。これはそのまま、用途や使用方法、使用限界・交換時期などが誰にとってもわかりやすく、直感的に使いやすいことです。日常時の使いやすさもさることながら、非常時のような慌てた状況においても、使い方がわかりやすいものでなければ、どんなに優れた商品やサービスであっても役に立ちません。ポイントは、以下の3点です。

CARRY THE SUN

- **方法理解**：直感的に利用方法がわかる
- **場面理解**：直感的に利用する場面（シーン）がわかる
- **限度認識**：使用限界、交換時期がわかる

「方法理解」と「場面理解」はさておき、「限度認識」についてはピンとこない方も多いかもしれません。これは「こうやって使ってはいけないんだ」「これには利

BOCCO

用できないんだ」「こうやって使うと、ここで限界がくるんだ」ということが理解しやすいことを意味します。何ができるかだけでなく、「何ができないのか」がわかりやすいということも、非常時を想定する場合には大切なことなのです。

ここでは、ユカイ工学の「BOCCO（ボッコ）」を紹介しましょう。BOCCOは、ロボットの形をした本体と、付属のセンサーなどを連動させ、スマートフォンと一緒に使用する、家族をつなぐコミュニケーションツールです。

BOCCOに話しかけるだけで相手のスマートフォンにメッセージを送ることができるようになっており、日常時、機械の操作が苦手な高齢者や子どもでも、気軽にコミュニケーションが可能です。また、外付けの「振動センサ」「鍵センサ」「部屋センサ」「人感センサ」などを自由に組み合わせることで、遠隔の見守りツールとしても利用できます。

非常時にも機能はそのまま。たとえば身体を動かすのが辛い時などにも、話しかけるだけでテキストや音声でメッセージが送れるほか、声を使ったやりとりを通じて、離れた場所にいる相手に安心感を与えることができるのです。

「ロボットに話しかける」だけと「方法理解」に優れていて、外付けのセンサで拡張性もあるため、様々なシーンで使えるなど「場面理解」にも優れています。また、日常時にも非常時にも操作方法が変わらないことも、「方法理解」には重要なことです。くわえて、専用アプリですぐにロボットの充電状況や状態がわかる点も、「限度認識」に優れているポイントだといえるでしょう。

4 触発性：フェーズフリーな商品・サービスを通して、多くの人に安全や安心に関する意識を提供する

「触発性」とは、商品やサービスを通して、多くの人が災害に対するイメージをより具体的に描けるようになり（**災害想起**）、利用者同士で非常時の事前相談・ルール作成などの会話や行動のきっかけとなること（**意識向上**）、また、その商品やサービスの存在が、新た

な商品・サービス開発のきっかけになること（開発促進）です。

先にも説明したとおり、フェーズフリーな社会（災害という課題が解決された社会）を実現するためには、特定の個人や企業などが取り組むだけでなく、創発的に多くの人々がその取り組みに参加できなければなりません。そういった意味で、「わたしも何かつくってみたい」「こんなサービスがフェーズフリーになればいいのに」と、多くの人に発想を促すことができるかどうかという点も、フェーズフリーにとっては大切な観点なのです。

そういった点からみると、鳴門市教育委員会が文部科学省の委託事業として教員向けに作成した、「フェーズフリーな教育」を実施するためのガイドブック『学校のフェーズフリー』は、とても触発性が高い事例だといえます。

鳴門市では学校教育にフェーズフリーを導入しており、このガイドブックは具体例として、国語や社会、算数といった教科の授業、あるいは生徒たちの委員会活動や係活動、朝の会など、教育現場で実際にフェーズフリーを取り入れる方法やアイデアを紹介しています。たとえば、一般的に算数で「速度＝距離÷時間」という「速さ」を求める方法を学習する際には、キリンが走る速度などを例として用いることが多いことをご存じでしょうか。そこで鳴門市では、キリンの代わりに「津波」などを例として、「秒速10ｍの津波と、50ｍを10秒で走るA君だと、どっちが速いでしょう？」といった学習をすることで、子どもたちに算数を自分ごととして捉えてもらうとともに、学習に対する意欲やその効果を高め、同時に非常時への想像力などを養うようにしているのです。

このガイドブックには他にも、たとえば地理で「自分たちの住んでいる地域について調べ、起こりうる自然災害について考える」、国語で「デマが拡散する背景を考え、事実を見極めようとする態度を育てる」といったように、災害にまつわる具体的なイメージを想起させる事例が紹介されていて、「災害想起」や「意識向上」につながる案が詰まっています。

また、実際にフェーズフリーな教育を実践した教員たちの声も紹介されており、他の教員の実践につながるような「開発促進」を促す試みとなっているのです。

このガイドブックは鳴門市だけでなく、文部科学省を介して全国各地の教育現場へ広がることも期待されています。

学校のフェーズフリー

5

普及性：安心で快適な社会をつくるために、誰でも気軽に利用・参加できる

最後は「普及性」です。普及性とは、誰でも気軽に利用したり参加したりできること。たとえば、その商品やサービスを使ってみた人が、アイデアの目新しさや面白さ（新規創生）から、「これはいい！」「他の人にもぜひ使ってもらいたい！」と、周りの人に薦めたくなったり、積極的にSNSで紹介したくなったりすること（価値共有）です。

ある意味、現代のあらゆる商品やサービスにとって不可欠な要素かもしれません。必ずしも災害と直接的に関連する要素ではありませんが、フェーズフリーの目的でもある安心で快適な社会をつくり、ひとりでも多くの人の命を救うためには重要なことです。

そういった点で、フェーズフリーな商品の例としてメディアに取り上げられる機会が非常に多い、サンナップ（アスクル限定販売）の「紙コップメジャーメント」は、普及性の高い商品の代表格だといえるでしょう。

落ち着いて洗練された印象のデザインとカラーで、オフィスでの来客時やミーティングなどでも使いやすい紙コップ。実は、よく見ると模様の部分が「mℓ／cc」「合」「カップ」などの目盛りとなっています。

避難所などでは、備蓄品としてお米や粉ミルクなどが備えられていても、実際に利用する際に、「計量するための器具を備えていなかった」ということが起こりがちです。しかし日頃からこの紙コップを活用していれば、そうした事態を防ぐことが可能です。

紙コップメジャーメント

この意外な使い道は驚きや感心とともに受け入れられることが多いため、メディアなどで「この紙コップ、実は災害時に使える隠れた機能があるんです！　さぁ、どんな機能でしょう？」といったように、フェーズフリーを紹介する〝つかみ〟として利用されることが珍しくありません。新規創生と価値共有が共に高い、普及性に優れた製品なのです。

以上、簡単にではありますが、フェーズフリーの辞書的な定義と、その定義を実現するための5原則を紹介しました。本章の冒頭でもお伝えしたとおり、フェーズフリーアワードやフェーズフリー認証における評価基準も、これに則っています。評価対象の製品やサービスなどが、どれほどフェーズフリーにデザインされているのかを判断する指標となっているのです。

それでは実際に、フェーズフリーの評価がどのように行われているのかについて、実際に使用しているグラフなどを用いながら説明したいと思います。

「汎用性×有効性」をベンチマークと比較する

フェーズフリーの評価は、「汎用性」と「有効性」というふたつの観点から行われます。汎用性とは、いかに多様なシーンで価値を発揮できるかという観点のこと。大ざっぱにいうと、「広さ」です。先の5原則でいえば「常活性」に当たります。もうひとつの「有効性」とは、「広さ」以外の観点から見た時に、その商品やサービスが、どれほどの価値をもたらすかという観点。価値の「高さ」です。フェーズフリーの評価はこのふたつの掛け合わせ、つまり「どれだけ広い状況」（汎用性）において、「どれだけ高い価値」（有効性）を発揮できるかという観点で行われるのです。

それを踏まえた上で、左ページの表をご覧ください。これは、最終的な総合評価を行うときに用いられる表です。縦が有効性、横が汎用性を表しています。

フェーズフリー性の評価は、絶対評価ではなく相対評価です。そのため評価する際は、一般的な日用品や防災用品などをベンチマークとして基準にし、それらと比較して、どれほどフェーズフリーであるかという考え方で評価するのです。

右上の白いエリアにおさまっていればフェーズフリーであると判断され、右上に行けば行くほど評価が高いということになります。

では、こうした評価の全体像を理解した上で、「汎用性」と「有効性」それぞれの評価方法を見ていきましょう。

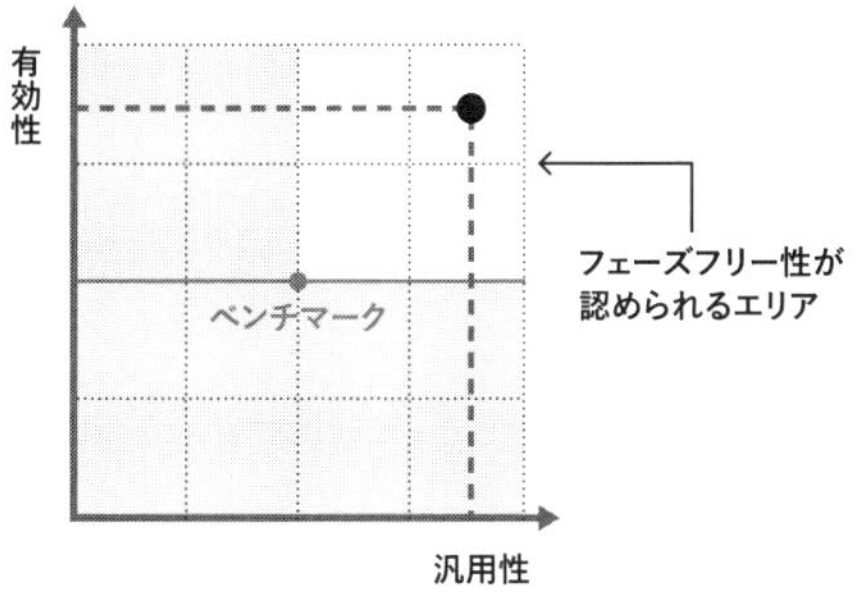

総合評価は「汎用性」「有効性」をもとにベンチマークと比較して行う

汎用性の評価

まずは汎用性についてです。先にも紹介したとおり、汎用性とは、どれだけ多様な状況で価値を発揮できるかということ。通常、多くの商品やサービスは、顧客のペルソナを作成するなどして、ターゲットや状況を狭めていくことで競合する対象との差別化を図ります（たとえば、「男性専用化粧水」などです）。一方でフェーズフリーは、状況を問わずに価値を発揮できるようにデザインしようという試み。そのため、フェーズフリーを評価する際には、どれだけ多様な状況に適応できているかが重要です。

とはいえ、「多様な状況」とひとことで言うと簡単に聞こえますが、日常時・非常時を問わずに細かく見ていけば、そこにはありとあらゆるシチュエーションが想像できます。

そこで、汎用評価には、そうした多様な状況に対応できているかどうかを判断するために、次の**「Why：プロブレム」「Where：ロケーション」「Who：ターゲット」「When：タイミング」という、4つの視点から検討**します。それぞれについて説明しましょう。

Why：どれだけの課題を解決できるか

「Why」とはつまり、その商品やサービスを利用する目的。どれだけ多様な目的に対応できるか、ニーズを満たし課題を解決できるか、ということです。

たとえば「非常時」とひとことに言っても、本当に多種多様な「非常時」が想定できます。そこで、「非常時」の要因となるさまざまな「危機（Hazard）」を具体的に想定し、その商品やサービスが、どれだけの危機に対応しているか（どれだけ多様な課題に対応しているか）を検討することで、汎用性の高さを評価するのです。危機の種類としては、地震や津波・洪水といった自然現象から交通、情報など人為的なものまで多岐にわたります。

もちろん、多様なニーズが発生するのは非常時だけでなく、日常時も同様です。非常時だけでなく、日常時において対応できるニーズや課題が多ければ、それもまた汎用性の高さとして評価の対象になります。

Where：どれだけの場所で活用できるか

次は「Where」です。これはそのまま、その商品やサービスが利用できる場所のことです。日常時から非常時への移行は、いつ、どこで生じるかわかりません。そのため、利用できる場所が多ければ多いほど、汎用性が高く評価されます。

たとえば家や職場、学校、車中や公共交通機関など、ユーザーが暮らしの中で日常的に過ごしている場所もあれば、海や山、川など自然にあふれた場所、あるいはビルや商業施設の集積した都市部など。国内に限らず、海外など文化や習慣、言語や気候、地形などもまったく違う場所も想定されるでしょう。1日の大半をそこで過ごすこともあれば、休日や休暇のみに訪れたり、移動中にだけ立ち寄ったりする場所もあるはずです。

こうしたさまざまなロケーションを具体的に思い浮かべ、日常時・非常時の2つのフェーズで、それぞれにおいて商品やサービスが利用できるかを考えるのです。

Who：どれだけ多様な人が利用できるか

3つめは「Who」です。これは、その商品やサービスを利用する人のこと。どれだけ多様な人が利用できるかを評価します。

日常においては、たとえば障害のある方や介護が必要な方など、ケアが必要になる人物像をある程度は想定することが可能です。しかし非常時においては、誰もが「要支援者」になる可能性があります。であれば、利用できる人物像が多様であればあるほど、フェーズフリー的な価値を作る上では望ましいことになる。当然、その幅が広ければ広いほど、汎用性が高いと評価されます。

この商品やサービスを利用できるのは、どういった属性の人なのか。年齢や性別、国籍、居住地や職業、家族構成、趣味嗜好、障害の有無など、さまざまな要素が関連してきます。くわえて、対象となる人物の、余暇の過ごし方や情報収集する手段、働き方、価値観など

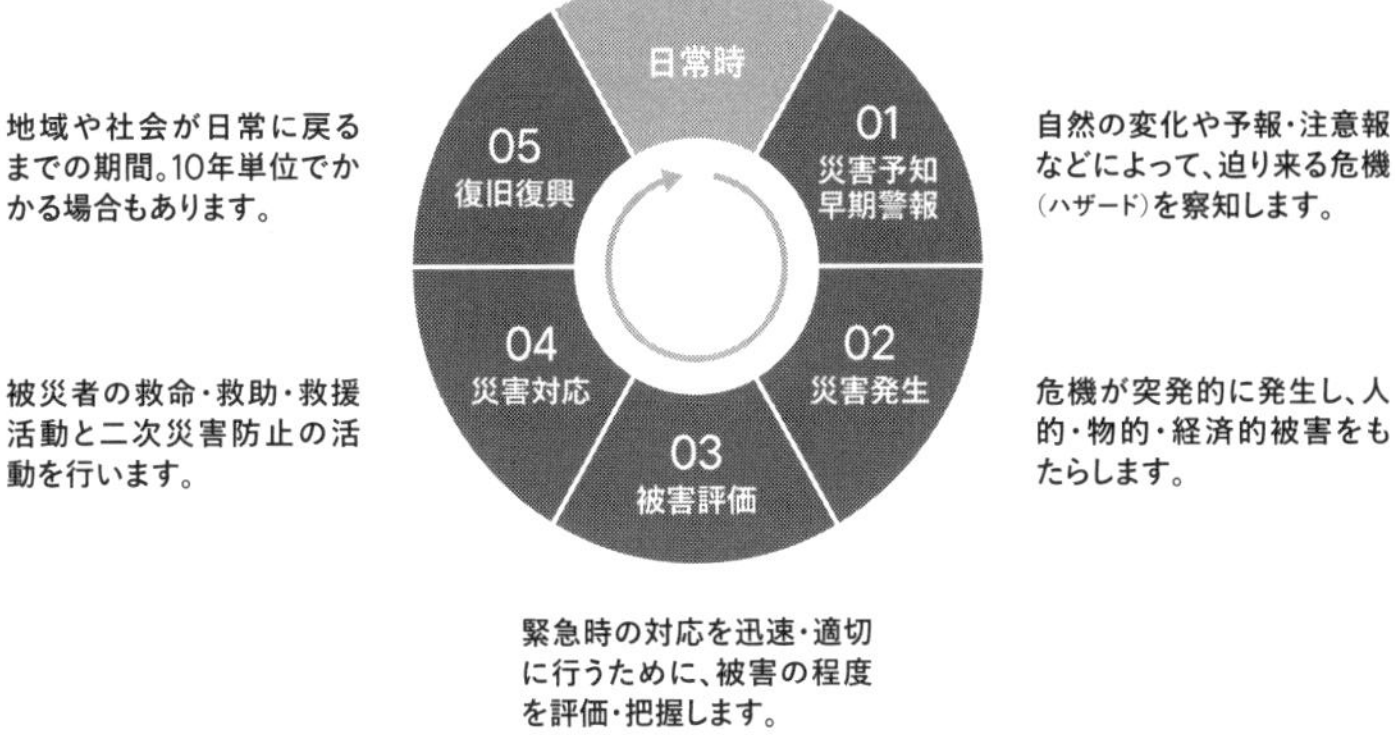
日常時
01
災害予知
早期警報
自然の変化や予報・注意報などによって、迫り来る危機(ハザード)を察知します。
02
災害発生
危機が突発的に発生し、人的・物的・経済的被害をもたらします。
03
被害評価
緊急時の対応を迅速・適切に行うために、被害の程度を評価・把握します。
04
災害対応
被災者の救命・救助・救援活動と二次災害防止の活動を行います。
05
復旧復興
地域や社会が日常に戻るまでの期間。10年単位でかかる場合もあります。

Disaster Life Cycle

も、「Who」を構成する重要な要素です。

日常時にも非常時にも、「できるだけ多くの人に利用してもらうにはどうすればいいか」を考え、汎用性の高い商品やサービスを目指すのが望ましいでしょう。

When：どれだけの場面において利用できるか

最後は「When」です。「When」とは、その商品やサービスが利用されるタイミングのこと。どれだけ多様な場面において利用できるかの観点から、汎用性を評価します。日常生活の、どのようなタイミングで利用できるか。そして、非常時のどういったタイミングで利用できるかです。

非常時での利用可能タイミングの評価にあたって知っておきたいのが、「**災害対応の循環体系**（Disaster Life Cycle）」です。117ページの図をご覧ください。これは、災害が起きてから、いくつかの段階をたどって日常に戻るまでのサイクルを図式化したものです。

非常時はこの図のとおり、「**①災害予知・早期警報**」「**②災害発生**」「**③被害評価**」「**④災害対応**」「**⑤復旧・復興**」という5つのタイミングに分割することができます。まずは緊急地震速報や台風情報のような早期警報や災害予知から始まり、対応を続けるなかで、徐々に復旧・復興が進み日常に戻るという流れです。

「非常時に利用できる」というと、インフラが途絶えて避難生活を余儀なくされる「⑤復旧・復興」のタイミングばかりを想像してしまいがちですが、もしかすると警報が出たタイミングで利用できるものもあるかもしれませんし、被害評価に役立つこともあるかもしれません。こうしたサイクルをもとに、利用できるタイミングを検証し、汎用性を評価するのです。

「汎用性」評価のレーダーチャート

以上、汎用性を評価するための4つの視点を紹介しました。実際にフェーズフリー認証やアワードなどで汎用性を評価する際には、これらの視点をもとに、レーダーチャートを用いて評価を行います。「Why」「Where」「Who」「When」をどれだけ満たしているかを、ベンチマークとなる一般的な商品やサービスと比較するのです。

日常時に特化した商品やサービス、いわゆる一般的な商品やサービスの場合、上図(左下)のように非常時のチャート面積が小さくなり、逆に防災に特化した製品の場合、図(右下)のようになるイメージです(なお、チャートは日常時と非常時の合計が100点になるようにしています)。

　このチャートの両サイドをより広く満たすことができる商品やサービスこそが、汎用性が高いということになるのです。

　では、「Why」「Where」「Who」「When」の観点から見て、汎用性の高いフェーズフリーな商品やサービスをいくつかご紹介しましょう。

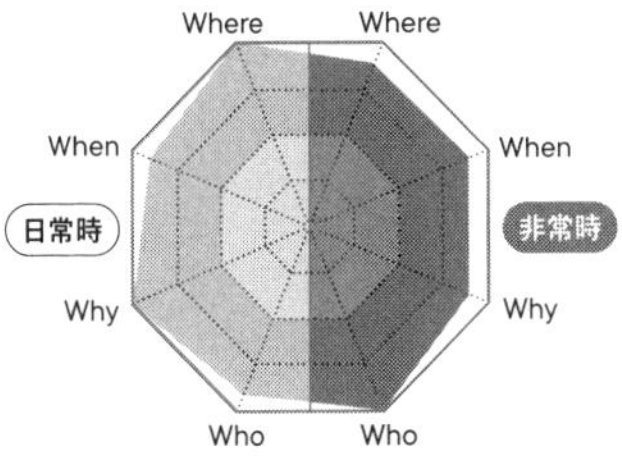

フェーズフリーな商品は両側が満たされる

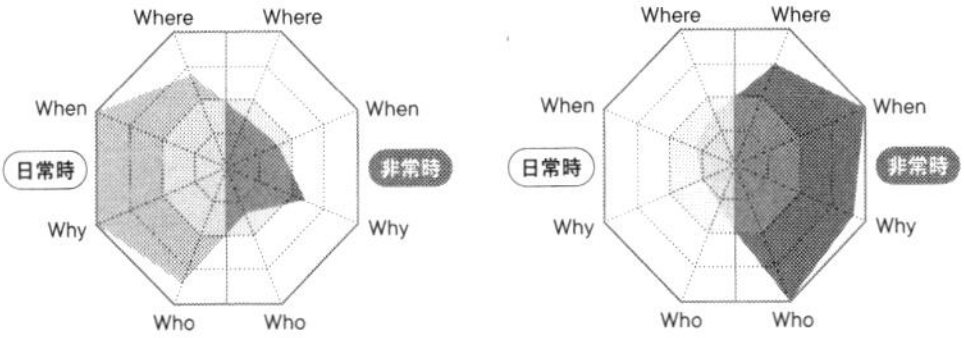

日用に特化した商品（左）と、防災に特化した商品（右）

事例

オカムラ ポータブルバッテリー「OC」

株式会社オカムラの「OC（オーシー）」は、オフィス向けのポータブルバッテリー。1回のフル充電で、ノートパソコン3・5回分、スマートフォン14回分の給電が可能です。[29]最大で同時に4台のデバイスを充電することができ、複数名での同時利用もできます。充電は「チャージトレー」に置くだけ。重量は1・9kgと、サッと持ち運ぶにも便利な軽さです。

近年、仕事内容に合わせて時間や場所を選べる「Activity Based Working（ABW・アクティビティベースドワーキング）」という働き方を取り入れたオフィスが増えています。OCは、「固定席が割り振られ、同じ部署やチームの上司や部下と一緒に働く」従来型のオフィスから、そうした「場所にとらわれず、自チームだけでなく社内外のさまざまな人とコラボレーションしながら働く」これからのオフィスを実現する商品です。

日常時の「Where」「When」の観点から汎用性を見ると、「場所や時間にとらわれない働き方」を実現するための重要なツールといえます。

たとえば商品企画会議の際、ホワイトボードだけの無機質な会議室より、天気の良い日に窓際の明るい席などに移動してブレインストーミングをしたほうが、良いアイデアが生まれるかもしれません。一人で作業したいときは、人の少ないカウンター席に移動したほうが集中できるかもしれませんよね。OCがあれば、いつでもどんな場所でも、そこがオフィスになるのです。

非常時における「Where」「When」を考えれば、たとえば地震でオフィスが停電しても、どんな場所でもとっさに手持ちのデバイスを充電することができます。データのバックアップを取ったり、上司や同僚、取引先の状況を確認したりと、企業のリスクマネジメントにおいて不可欠なBCP（事業継続計画）を実行するうえでも助けになるはず。

ポータブルバッテリー OC

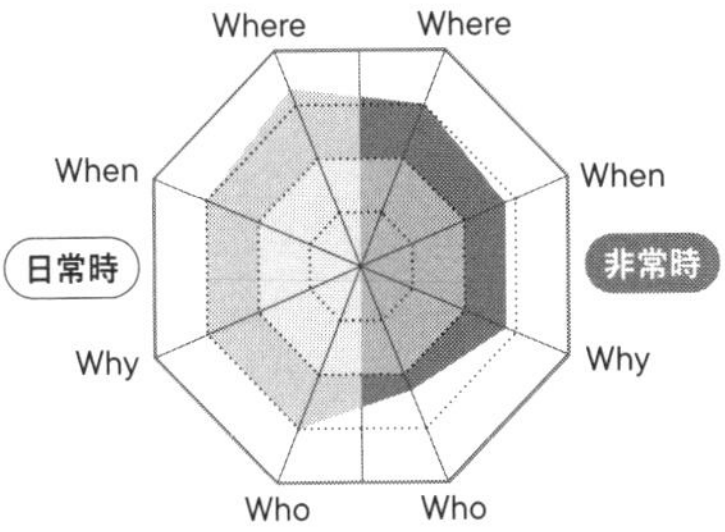

ポータブルバッテリーOC のチャート

OCはポータブルバッテリーというシンプルなプロダクトですが、フェーズフリーにおける汎用性を十分に発揮している製品だと言えるでしょう。

事例

トヨタ自動車／本田技研工業 移動式発電・給電システム「Moving e」

次に紹介する「Moving e」は、大容量電池を搭載するトヨタ自動車の燃料電池バスと、ホンダの可搬型外部給電器・可搬型バッテリーを組み合わせた移動式発電・給電システムです。発電機能と、可搬型バッテリーの給電機能を掛け合わせることで、電気を運びます。つまり、移動した先々で発電し、電気を供給することができるのです。トヨタ自動車の水素燃料電池バスと、ホンダの外部給電器・バッテリーという、それぞれの製品を持ち寄った夢のコラボレーション。現在はトヨタ自動車が主体となって、自治体への導入が始まっています。

日常時には、「Why」「Where」の観点から汎用性を高く評価できます。全国各地で行われるイベントや音楽フェス、コンベンションなどにおいて、仮設店舗・屋台、あるいは音響・照明設備、冷暖房設備など、電気を使うさまざまな装置への電力供給が可能です。一般的な発電機とは異なり、音が静かで排ガスも出ないため、室内でも快適に使用することができます。CO2も排出しないため、環境性能も高いといえるでしょう。

非常時においても、「Why」「Where」「When」の観点から、汎用性の高いサービスです。

たとえば台風や豪雨による被害などで送電網が直接ダメージを受け、各地域の家庭はもちろん、避難所にも電気が届かなくなってしまった場合も、Moving e なら被災地へ出向き、電力供給が可能です。一式で50人規模の避難所へ3日間の電力供給が可能とされており、また複数のバッテリーが搭載されているため、電気を小分けにして個々のエリアで使うこともできます。ちなみに、車内には仮眠スペースがあり、休憩所として活用可能です。

Moving e

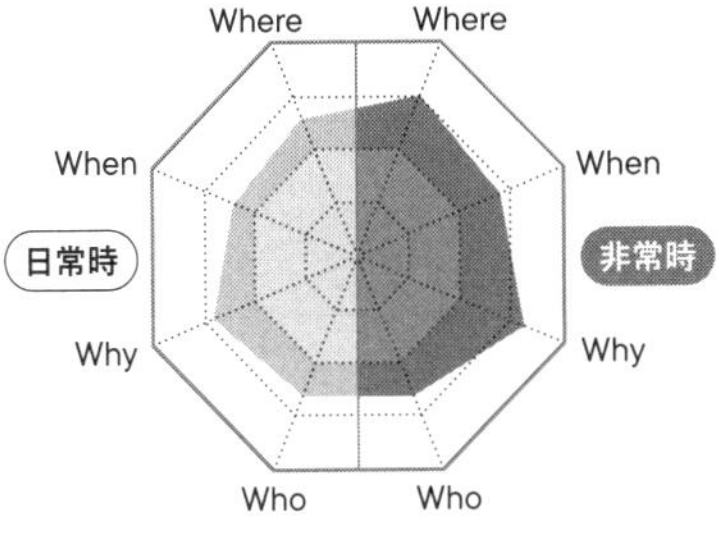

Moving e のチャート

現時点ではイベント時の利用など、日常における用途が限られていますが、事業化すれば費用対効果も含めた普段使いの可能性が広がり、さらに汎用性の高いサービスとなることが期待されます。

「有効性」評価のグラフ

さて、ここまで汎用性の評価基準についてご紹介しました。次は「汎用性（広さ）×有効性（高さ）」における「高さ」、すなわち「有効性」の評価方法です。

これについては難しいことはありません。有効性は、先に紹介した「フェーズフリーの5原則」をどれだけ満たしているかによって評価されるからです。少し復習しましょう。フェーズフリーの5原則とは、次の5つでした（左ページ上表）。

フェーズフリーの「有効性」は、これら5つの原則……「常活性」「日常性」「直感性」「触発性」「普及性」を構成する14項目を評価対象として検討します。配点はそれぞれの項目の重要度によって異なり、合計すると100点。その商品やサービスの評価が高いほど、棒グラフが長くなるイメージです。

一般的な商品やサービス、つまり「日常時」のみに特化した商品やサービスは、左ペー

有効性	01 常活性	日常時のQOL影響能力	日常時のQOL（クオリティ・オブ・ライフ）を向上させる能力が高い
		非常時のQOL影響能力	非常時のQOL（クオリティ・オブ・ライフ）を向上させる能力が高い
	02 日常性	機能面のデザイン	日常時に利用したいと感じる機能的価値をもっている
		情緒面のデザイン	日常時に利用したいと感じる情緒的価値をもっている
		入手容易	日常時において、同じ提供課題をもった商品・サービスと比べて手に入りやすい
		販売容易	日常時において製造、輸送、保管等を含め、総合的に販売しやすい
	03 直感性	方法理解	直感的に利用方法が分かる
		場面理解	直感的に利用する場面（シーン）が分かる
		限度認識	使用限界、交換時期が分かる
	04 触発性	災害想起	利用者が災害に対するイメージをより具体的に描けるようになる商品・サービスである
		開発促進	開発者・提案者によって、新しい商品・サービス開発のためのきっかけとなっている
		意識向上	利用者同士で非常時の事前相談・ルール作成などの会話や行動のきっかけとなっている
	05 普及性	新規創生	その利用方法に新しさ、面白さを感じる商品・サービスであるか
		価値共有	気軽に利用でき、まわりに広めたくなる商品・サービスであるか

有効性の評価指標

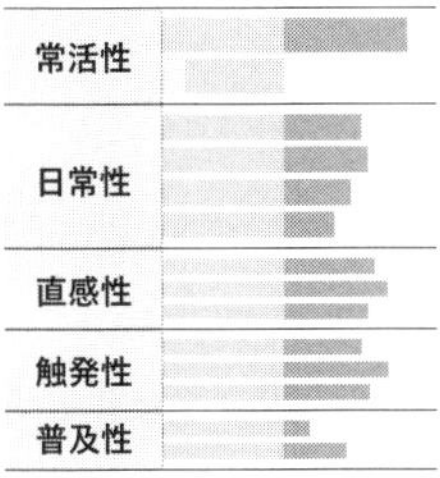

日用に特化した商品のグラフ

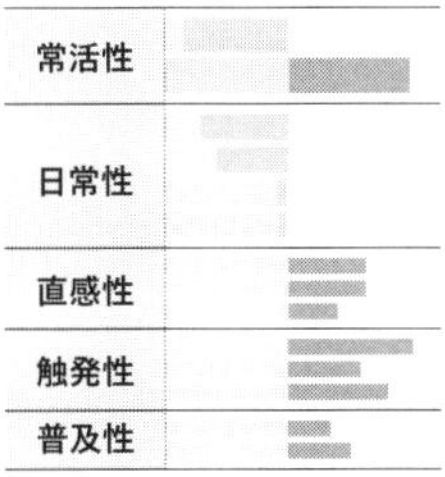

防災に特化した商品のグラフ

ジ左下のグラフのように「常活性」における「非常時のＱＯＬ影響能力」項目の点数が低くなってしまいます。また、防災用品など防災に特化した商品やサービスは、先の図の右側のグラフのように「常活性」における「日常時のＱＯＬ影響能力」と、「日常性」の中の「機能面のデザイン」「情緒面のデザイン」の点数が低くなってしまうことが多いでしょう。

このように評価してゆき、全体として点数が高い商品やサービスこそが、「有効性」が高いといえます。

総合評価の方法

さて、本章ではこれまでに、フェーズフリーの辞書的な定義から、満たすべき原則、そして評価方法（汎用性×有効性）を紹介してきました。「なんでもかんでも、言い方によってはフェーズフリー」という訳ではなく、明確な定義や原則があり、その定義や原則を用いて汎用性と有効性を評価し、その二軸を使いベンチマークと比較して評価を行う。それなりに細かくてややこしいように感じた方も多いかもしれませんが、新しい概念を正確にわかりやすく世の中に普及させていくにあたり、客観的な指標は欠かせません。

本章では最後に、ここまで説明してきた要素をもとに、フェーズフリーな商品を実際に評価してみましょう。例として取り上げるのは、株式会社光和インターナショナルの「コーワライティングシート」です。

コーワライティングシート

コーワライティングシートは、静電気で壁面に貼りつく、ホワイトボードのように自由に書き消しができるシートです。ガラス・木・鉄・ふすま・壁紙・パーティションといった、さまざまな素材に対し、画びょうやテープなどを使わずに、そのまま貼付することができます。また、表面に発生する静電気によってシート上に紙を貼ることもできるため、グラフや図表などを貼ったり、ふせんのようにアイデアや意見を貼ったりすることも可能な商品です。

剥がしても貼った跡が残らないため、オフィスや教育・介護施設、イベント会場やレンタルスペース、建設・施工現場など、日常のありとあらゆる場所で気軽に利用できます。くるくるっと巻いてロール状にできるため、持ち運びにも便利で、白色タイプは投影用スクリーンとしても活用が可能です。

また、こうした特性から、災害発生後の混乱した状況において、ホワイトボードのない施設や屋外でも、すぐに壁面を使った情報共有やミーティングを行うことができるほか、被災現場の最新情報などを共有、伝達する用途としても使用できます。ホワイトボードと同様に何度も書き消しできるため、伝言板のような使い方もできますし、白色タイプの場合は、避難所でカーテンの代用品として用いることも可能なのです。また、透明タイプは現地の地図に重ねた上から書き込みを行うことで、被災地の情報を迅速に把握できるツールとしても支持を集めています。

では、まずは「汎用性」から評価してみましょう。コーワライティングシートは「静電気貼付式フィルム」という素材を用いることで、どこでも持ち運び可能で、どんな壁面でも跡を残さずに貼れるというシンプルさがわかりやすく、日常時・非常時ともに「Where」の点で高く評価できます。本来ならホワイトボードを使えないような場所でも利用することができ、使う場所やアイデアによって用途も広がるため、「Why」の視点からも日常時・非常時ともに高評価です。フェーズフリー認証の審査時に、担当審査員複数名による汎用性評価の結果は１００点中80点でした。

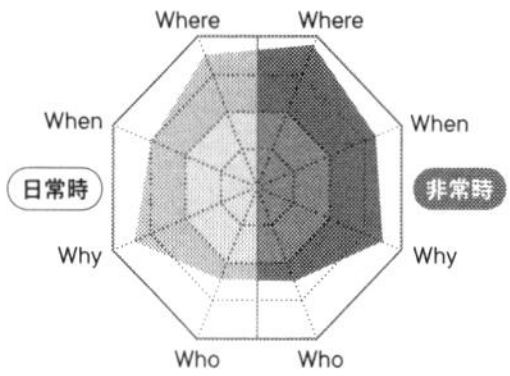

コーワライティングシート 汎用性のチャート

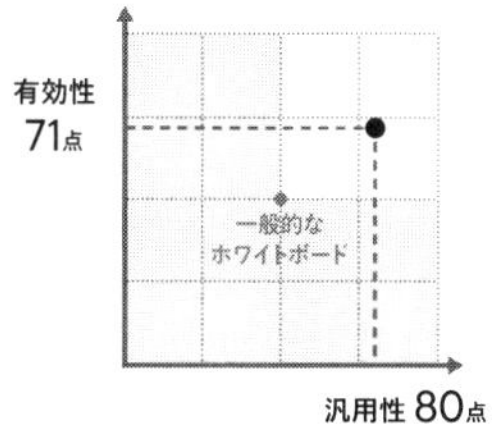

コーワライティングシートの総合評価

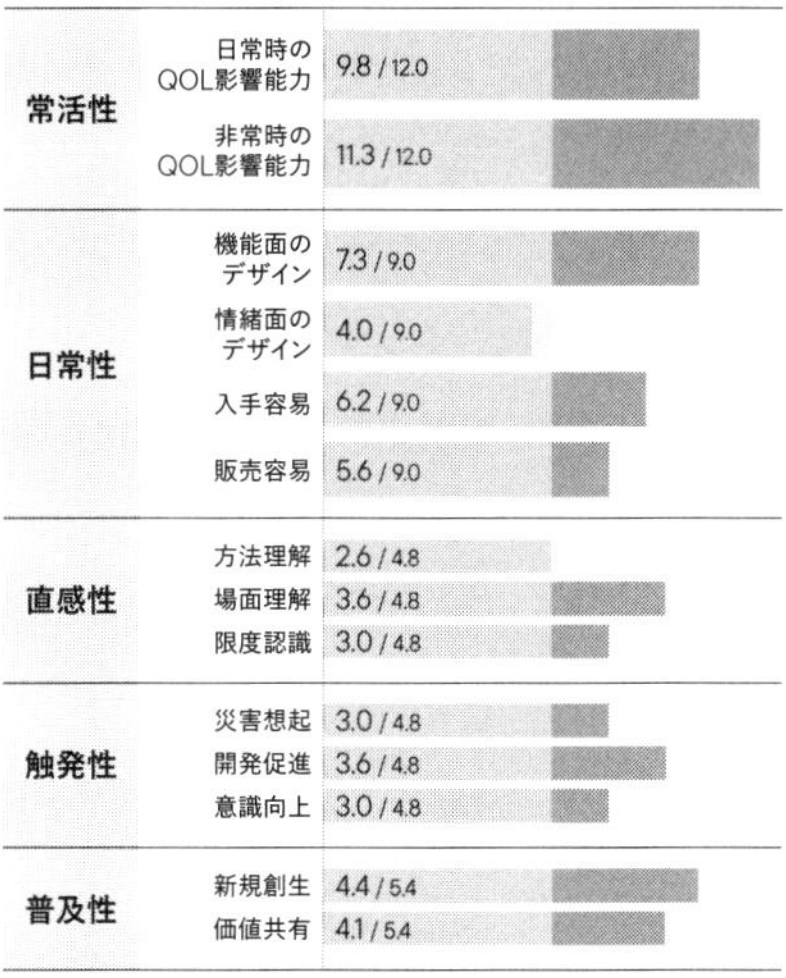

コーワライティングシート 有効性のグラフ

では、「有効性」の面ではどうでしょう。ありとあらゆる壁面を、コーワライティングシート1枚で情報掲示スペースに変えたり、子どものお絵かきスペースにしたり、映像用スクリーンにしたりと、さまざまに活用できるため、「常活性」における「日常時のQOL向上」が高評価を得ています。「非常時のQOL向上」についても、さまざまな場所が一時的な避難所や対策本部などに転用される中で、情報共有やコミュニケーションに役立つため、特に高評価です。

比較的低コストかつ軽量で省スペースのため、「日常性」の「機能面のデザイン」「入手容易」「販売容易」の点でも優れており、「直感性」についても、機能や用途を直感的に理解できることから「場面理解」が4・8点中3・6という結果でした。「静電気によってどこにでも貼り付けられる」という技術やアイデアは、「触発性」における「開発促進」や、「普及性」における「新規創生」「価値共有」の点で高く評価されています。合計は76点という評価にしました。

こうした汎用性と有効性の評価をもとに、ベンチマークと比較してみましょう。ベンチマークとするのは、一般的なホワイトボードや模造紙です。一般的なホワイトボードは、壁掛けタイプなら一度設置すると動かしづらく、キャスター付きタイプなら移動が可能であるとしても、重量を考えると「いつでもどこでも気軽に利用できる」とは言いがたいものです。また、情報掲示のために使用する模造紙は、学校など特定の施設でしか利用されておらず、耐久性もない。一度使うと書き直すこともできません。このようにベンチマークと比較した結果が前ページ左下の図です。右上のスペースにおさまっていることから、コーワライティングシートはフェーズフリーな商品だといえるでしょう。

顕在化していないニーズを捉える

本章ではここまで、フェーズフリーの辞書的な定義、5つの原則について解説した上で、それらに則った具体的な評価方法について紹介してきました。少し込み入った説明が続きましたが、いかがでしたでしょうか？

ここまでの内容を簡単にまとめてみましょう。フェーズフリーとは「日常時や非常時などのフェーズ（社会の状態）にかかわらず、適切な生活の質を確保しようとする概念」つまりは、「日常時と非常時という2つのフェーズからフリーにして、ＱＯＬの向上を図ろうという考え方」であり、そうしたデザインは「5つの原則」によって実現される。そのため、フェーズフリー認証やフェーズフリーアワードなどで特定の商品やサービスを評価する際には、この5つの原則を「汎用性×有効性」という2軸を用いて検討し、ベンチマークと比較が行われる。それが本章の内容でした。

さて、そこからわかるのは、フェーズフリーは「顕在化していないニーズ」を可視化する概念でもあるということです。どういうことでしょうか？ 最後に、その話を少しだけして、本章を締めたいと思います。

第2章でも少し触れたとおり、事業開発や商品開発、マーケティングの世界において、「人々のニーズに応える」だけで本当に支持される商品やサービスを生み出すことは、難しい時代になってきています。よく引き合いに出される話ですが、iPhoneが2007年に発表されたとき、それが世界を変えると感じた人がどれだけいたでしょうか。「ボタンがないから電話をかけづらい」「文字入力しにくいから不便」「携帯電話（ガラケー）のままがいい」と思った人がほとんどでした。そう、当時、「ボタンがなくて画面の大きい携帯電話が欲しい」というニーズがあったわけではないのです。

けれどもさまざまなアプリが開発され、通信速度が速くなり、データ通信量が大容量化したことで、多くの人がiPhoneの真価を知ることとなりました。いつでもどこでもインターネットに接続し、SNSを通じて様々な人と交流し、動画やゲーム、読書が楽しめ、知らない街でも地図アプリですぐに居場所や目的地までのルートもわかります。ほどなくしてGoogleがAndroidを作り、さまざまなメーカーがスマートフォンを開発。いまやほとんどの人がスマートフォンを持つ時代になりました。みんな、それが何かはわかっていなかったけれど、使ってみた結果、「こんな商品が欲しかった」と気づいたのです。iPhoneは、そうしたユーザーの「顕在化していないニーズ」を満たしたからこそ、社会を大きく変えるほどのヒットを記録したといえるでしょう。

とはいえ、顕在化していないニーズを捉えた商品やサービスを作れればよいのですが、それは簡単な話ではありません。顕在化していないニーズは（繰り返しになってしまいますが）顕在化していないため、発見するのが容易ではないからです。

しかし、ここまで本書を読み進めてくださったみなさんは、顕在化していない、ひとつのニーズを捉えるための視点を既に獲得しています。そう、「非常時」のニーズです。

Zoomはなぜ日常に定着できたのか

私たちは普段、「日常時」を基盤として生活を営んでいます。そのため、商品やサービスを新たに検討しようとした際には、日常時におけるユーザーニーズに基づきがちです。しかし、そうした時にも「フェーズフリー」という概念を手がかりに開発を行う場合には、これまで顕在化していなかった「非常時」におけるニーズを満たしたアイデアが浮かんでくるようになります。

ここでは、すっかり私たちの日常生活に馴染んだ「Zoom」を例として考えてみましょう（Zoomはフェーズフリー認証などを取得したわけではありませんが、とてもフェーズフリー性が高いといえるため例としてあげます）。

いまさら説明するまでもないかもしれませんが、ZoomはCOVID-19の流行を契機として一気に普及したオンラインミーティングツールです。COVID-19が猛威を振るった際に新しく登場した製品やサービスは数多く存在しましたが、パンデミックが終息に向かう中で、市場から姿を消したものも少なくありませんでした。しかし、Zoomは今現在も月間アクティブユーザー数が1000万人を超えており、完全に私たちの生活に定着したといえるでしょう。[30]

COVID-19が終息に向かうとともに姿を消したサービスとZoomの違いはどこにあったのか。そこには多くの要因が考えられますが、大きな要因のひとつとして、**Zoomが非常時のみならず、日常時においても価値を発揮できるサービスであった点、つまりフェーズフリーであったため**ではないでしょうか。

Zoomは決して、パンデミックなどの非常時のために開発されたサービスではありませんでした（開発されたのはCOVID-19よりはるかに前の2011年です）。日常においての便利さや快適さを追求した結果、非常時にも価値を発揮することができたに過ぎません。だからこそ、COVID-19の流行後も日常に定着することができたのです。

これはいうなれば、Zoomという製品がコロナ禍という非常時のニーズ、つまり顕在化していないニーズをはからずも捉えていた、と表現することが可能でしょう。そしてフェーズフリーとは、まさにそうした顕在化していないニーズを、日常の価値を追求する中（顕在化したニーズを追求する中）で満たしていこうという試みなのです。

本章で紹介してきた評価基準などは、そうした「顕在化したニーズと顕在化していないニーズの両方を満たしているか？」という判断を行うためのものであったとも言えるかもしれません。

では、そうしたふたつのニーズを満たした商品やサービス、つまりはフェーズフリーな商品やサービスは、どうすれば開発が可能になるのでしょう。次章では、具体的な「フェーズフリーのつくり方」をご紹介したいと思います。

28 「Buy One Give One」 https://carrythesun.jp/pages/buy-one-give-one

29 ノートパソコンは50Wh、スマートフォンは12Whの容量を想定した場合

30 「2023年に留意すべき150以上のZoom統計」 marketsplash https://marketsplash.com/ja/helpful-zoom-statistics/

第4章

フェーズフリーのつくり方

「日常時＋非常時＝フェーズフリー」とは限らない

フェーズフリーな商品やサービスをつくる方法を説明する前に、まずは「やってしまいがちな失敗」についてふたつほど紹介させてください。ひとつめは、**「既存の商品やサービスに、ただ防災機能を追加してしまう」**という失敗です。

たとえばポケットがたくさんあって、その中に防災用品が備えられた、ビジネス用ジャケットがあったとします。「洗濯機で洗える丈夫なジャケットで、ポケットに防災用品がいつも備えてあるから、もしものときにも役立つ」というわけです。けれども果たして、これはフェーズフリーな商品と言えるのでしょうか？　答えは「いいえ」です。

たしかに、もしものときに防災用品をすぐ取り出せて使える状態にしておくことは、防災の観点から言えば大切なことです。けれども日常時にそのジャケットを身につけた際、通常のジャケットよりも重たく感じたり、かさばってしまったり、〝普段は使わないもの〟でポケットがふさがったりしているのでは、日常時のＱＯＬが下がってしまいます。非常時に備えた機能がどれだけ搭載されていようと、普段使いしたいと思ってもらえない商品では意味がありません。

ここまで説明してきたとおり、フェーズフリーにとって大切なのは日常時にＱＯＬを高めてくれるものが、非常時においてもQOLを高めてくれることでした。「非常時の機能を追加することで、日常時の価値が下がってしまう」のであれば、そうした商品はフェーズフリーとは言えないのです。

こうして言うと当たり前のように聞こえるかもしれませんが、いざ開発をしてみると陥りがちな失敗です。たとえば非常時に向けた機能を盛り込もうとした結果、単純に非常時対策分のコストが上乗せされてしまったり、対象ユーザーが狭まってしまったり……。単純に防災機能を付与すればフェーズフリーになるわけではないことに留意しましょう。

フォアキャスティングで考える

ふたつめは、「思考がバックキャスティングに偏ってしまう」です。これは失敗というよりも、ひとつめの失敗をしてしまう理由と言えるかもしれません。

マーケティングの世界に、目標を立て、達成するための方法や計画を考える手法として「フォアキャスティング／バックキャスティング」という考え方があります。ここでは、フォアキャスティングとは「現在を起点として未来に向けて計画を立てる思考法」、バックキャスティングとは「実現したい未来を起点として、逆算的に計画を立てる思考法」、という程度に理解してください。

フォアキャスティングとバックキャスティングにはそれぞれ、メリットとデメリットがあり、どちらが優れた考え方というわけではありません。しかし、フェーズフリーな商品やサービスを考える際には、バックキャスティングは不向きなのです。どういうことでしょう。先ほど悪い例として挙げた、「大量のポケットに防災用品の詰まったビジネスジャケット」を例に考えてみます。

ビジネススーツを手掛けるメーカーが、「フェーズフリーなジャケット」を開発することになったとしましょう。

自分たちの手掛ける商品が、非常時に顧客の暮らしや命を守ることができたら、どんなに素晴らしいことだろうか！　商品開発の担当者たちは期待に胸を膨らませ、非常時のことをアレコレと想像しながら企画会議をします。

「もしかしたら停電になるかもしれない」「それじゃぁ、懐中電灯を備え付けたらどうだろうか」「でも、肝心な時に懐中電灯の電池が切れてしまっていたらどうしよう」「では、手回し発電機の機能も備え付けるのはどうだろうか？」などなど……。その結果生まれたのが、先の「防災用品がポケットに詰まったジャケット」です。さて、この会議のどこが良くなかったのでしょうか？

「立派な使命」に夢中になりすぎない

もちろん、そこには様々な理由が考えられるでしょうが、理由のひとつは「バックキャスティング」な思考にとらわれてしまったことです。「フェーズフリーな商品やサービスを開発しよう」と考えたとき、私たちはどうしても「命を守る」「暮らしを守る」といった、重大で深刻なテーマにばかり意識が向いてしまい（もちろん、それ自体は悪いことではありません）、「非常時にどんなものがあれば助かるか」といったような、未来から考える思考（バックキャスト）を辿りがちです。しかし本書のはじめにも述べたとおり、非常時には、ありとあらゆるものが必要になります。**未来から考えようとすると、アイデアが発散しすぎてしまい、うまく落とし所を見つけるのが難しい**のです。

そうして生まれた商品やサービスは、非常時にばかり目が向いてしまい日常に寄り添っていないことが往々にしてあり、結果としてはフェーズフリーでも何でもなく、ただの「売れない防災商品」が誕生してしまうのです。では、先の会議を「フォアキャスティング」で行った場合はどうでしょう？

フォアキャスティングとは、現在を起点として、未来に向けて計画を立てる思考法でした。今回の例における「現在」とは、今ここにある「日常用」のジャケットのことです。

商品開発者たちは、まず初めに自分たちの商品には、どんな特徴があり、どんな価値があるのかを確認します。「我が社のジャケットは、誰が、どんな時に着ているのだろう」「どんなニーズから選ばれているのだろう」といった、その商品の本質的な部分を考えた上で、まずは「日常」における価値を伸ばす方法を考えるのです。そうした思考を辿った後で、やっと、そこまでに出てきた「日常における価値を高める方法」が、非常時においてどのように価値を発揮できるのかを考えます。こうやって現在を起点として考えていけば、日常をないがしろにしない、本当の意味でフェーズフリーなアイデアが生まれるのではないでしょうか?

実際に、こうした思考のもとにフェーズフリー商品を開発したのが、「洋服の青山」でおなじみの青山商事です。

青山商事は、長年さまざまなスーツを開発する中で、自社製品が顧客から「シワになりにくい」「暑さや寒さに強い」といった、高い機能性を求めて購入されていることを理解しており、ゆえに、新素材の開発や新技術の採用なども積極的に行っていました。後ほど詳しく紹介しますが、青山商事はフェーズフリーな新商品を開発するにあたり、こうやって培ってきた素材や技術を、いかに非常時にも活かすかという発想（フォアキャスティング）で検討を行い、「日常時だけでなく非常時のパフォーマンスを高める」スーツを開発。この原稿を書いている2023年10月現在、青山商事のフェーズフリー商品は3品目を超え、特設ページも設けられるなど、目玉シリーズとなっています。[31]

もちろん、世の中にはバックキャスティング的な思考で開発されたフェーズフリーな商品やサービスも存在はします。しかし、そのためには、ある程度の経験や知識などが不可欠です。これからフェーズフリーをつくろうとしている方の場合には、「**バックキャスティングで考えるのは避けた方が良い**」と心に留めていただけると、開発がうまく進むはずです。

発散と収束でアイデアを創る

さて、フェーズフリーをつくるにあたって気をつけたいポイントを押さえたら、次はいよいよ実践です。フェーズフリー協会では、フェーズフリーな商品やサービスの開発を希望する企業や自治体などに対して、ワークショップ形式でアイデア創出のアドバイザリーを行うことが少なくありません。

本章では、そうした場で使用しているワークシートなどを用いながら、実際のワークショップの流れを、読者のみなさんにも体験していただきたいと思います。

145ページの図をご覧ください。これは、ワークショップで使用している、アイデアを作るためのフローを図式化したものです。ワークショップはまず、「災害とは」「フェーズフリーとは」など、フェーズフリーを検討するうえでの基本的な「知識の確認」からスタートします。その後、それらの知識に基づいて、対象とする商品やサービスをフェーズフリー化するための方法を思いつくまま、発散的に次々と考えたのち、評価を行うことで収束させ、アイデアを絞り込む、という流れです。

ここから、それぞれのフローについて詳しく説明していきます。まずは「知識の確認」から開始しましょう――。とはいったものの、実際のワークショップで紹介する内容の多くは、本書では既に説明してしまっています。ですので、ここではこれまで説明していなかった知識のみ紹介させてください。

「今の価値」はどこにあるのか

追加で紹介する知識のひとつめは、「フェーズフリーのアプローチ」です。フェーズフリーなアイデアをつくるためのアプローチは、2種類あります。

一種類目は、「従来の商品やサービスをフェーズフリーにする」アプローチです。これについては、直感的にご理解いただけるのではないかと思います。ここまで紹介してきた

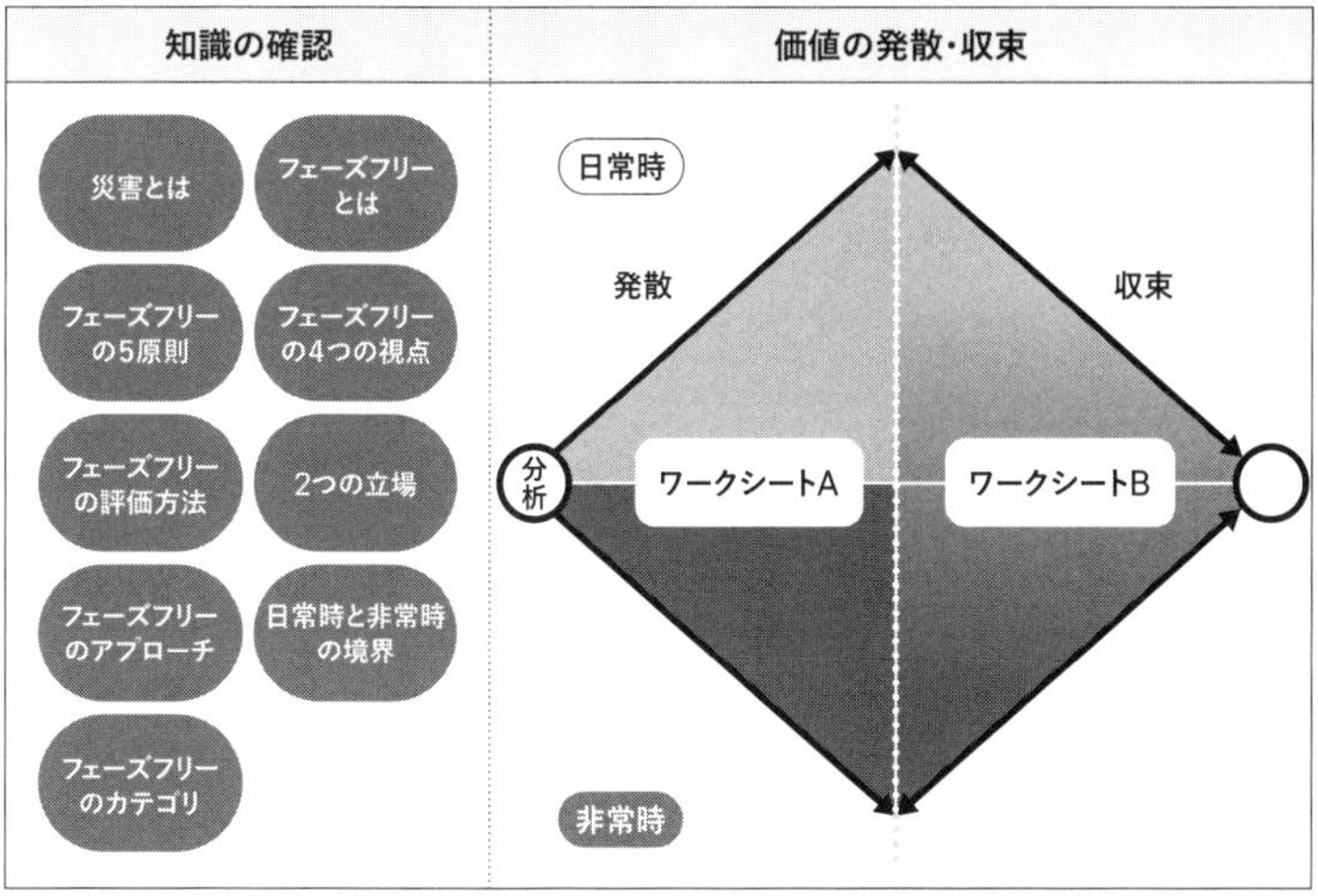

ワークショップの流れ

多くの商品やサービスは、このアプローチをもとに生み出されてきたものだからです。

日常的に利用しているPHEV車を、非常用電源として使えるようにすることでフェーズフリー化したり、日常的に使用しているカーチャージャーを、非常時に脱出ハンマーとして利用できるようにしたりすることでフェーズフリー化する、などがこのアプローチです。「フェーズフリーなアイデアを作る」といった時に、多くの方が想像するのは、こうしたアプローチではないでしょうか。しかし、フェーズフリーを作るためのアプローチはこれだけではありません。

二種類目は、「防災用の商品やサービスをフェーズフリーにする」アプローチです。そのままの意味ではあるのですが、元々は非常時にしか価値を発揮しなかったものを、日常の中でも価値を発揮できるようにすることでフェーズフリー化するアプローチのこと。たとえば、普段は使用することのなかった非常用蓄電池を、日常使いできるようにリデザインしてみる、などです。

こうして読んでみると当たり前のことを言っているように聞こえるかもしれませんが、実際にアイデアを考える際には、この二種類のアプローチの区別をつけておかないと、いたずらに案が発散してしまいかねません。

先ほど、アイデアを考える時にはバックキャスティングではなく、フォアキャスティングで考える必要があるという話をしました。フォアキャスティングで考えるというのは、つまり、いま自分がフェーズフリー化しようとしている商品やサービスの、現在発揮している価値を、まず把握するということでもあります。この二種類のアプローチが身に付いていれば、そうした現状理解をする際の思考が、よりクリアになるはずです。

カテゴリから発想する

追加する基礎知識ふたつめは、「フェーズフリーのカテゴリ」です。フェーズフリーな

カテゴリ A 特定の領域において、日常時と非常時に価値を提供する。
カテゴリ B 利用方法により、日常時と非常時に価値を提供する。
カテゴリ C 日常時と非常時に同じ価値を提供する。
カテゴリ D 日常時と非常時に、異なる価値を提供する。

4つのカテゴリ

商品やサービスは、日常時と非常時の両方において価値を提供してくれます。しかし、「価値がどのように発揮されるか」については、いくつかのパターンがあるのです。そうした「フェーズフリー的な価値の発揮され方」を分類したのが、以下の4カテゴリです。順を追って説明していきましょう。

4つのカテゴリは、利用する人によってフェーズフリー性が発揮されるカテゴリABと、利用されるもの自体によってフェーズフリー性が発揮されるカテゴリCDの、大きく2つに分類できます。

ひとつめのカテゴリは「A：特定の領域において、日常時と非常時に価値を提供する」タイプのフェーズフリーです。例で考えましょう。多くの人にとってヘルメットは防災グッズであり、日用品ではありません。しかしたとえば、工事現場に勤務している人からすれば、ヘルメットは日常時にも非常時にも価値を発揮してくれる、フェーズフリーなアイテムです。ヘルメット自体がフェーズフリーにデザインされているわけではありませんが、使う人の所属する領域によっては、結果的にフェーズフリー的な価値が発揮されることがあるのです。他にも、キャンプが趣味の人にとってのキャンプ用品（非常時にも利用する）などが、このカテゴリに該当するでしょう。

ふたつめは「B：利用方法により、日常時と非常時に価値を提供する」タイプのフェーズフリー。これは、いわゆるローリングストックを想像していただければ良いかと思います。ローリングストックとして利用されている商品（たとえばペットボトルの水など）は、それ自体がフェーズフリーにデザインされている訳ではありません。しかし、使い方やライフスタイルによってフェーズフリー的な価値を持つことがある。「使い方」も、フェーズフリーにデザインすることが可能なのです。

これらタイプABは、どちらかといえば、これまでも身の回りに存在したものをフェーズフリーの観点から分類するカテゴリです。これから新しいフェーズフリーをつくる際に重要なのは、この後に紹介するカテゴリCDです。

3つめのカテゴリは「C：日常時と非常時に同じ価値を提供する」。これは、その名のとおり、日常時と非常時の両方において同じ価値を提供するタイプのフェーズフリーです。

たとえば、三菱鉛筆の「パワータンク」というボールペンがあります。一般的なボールペ

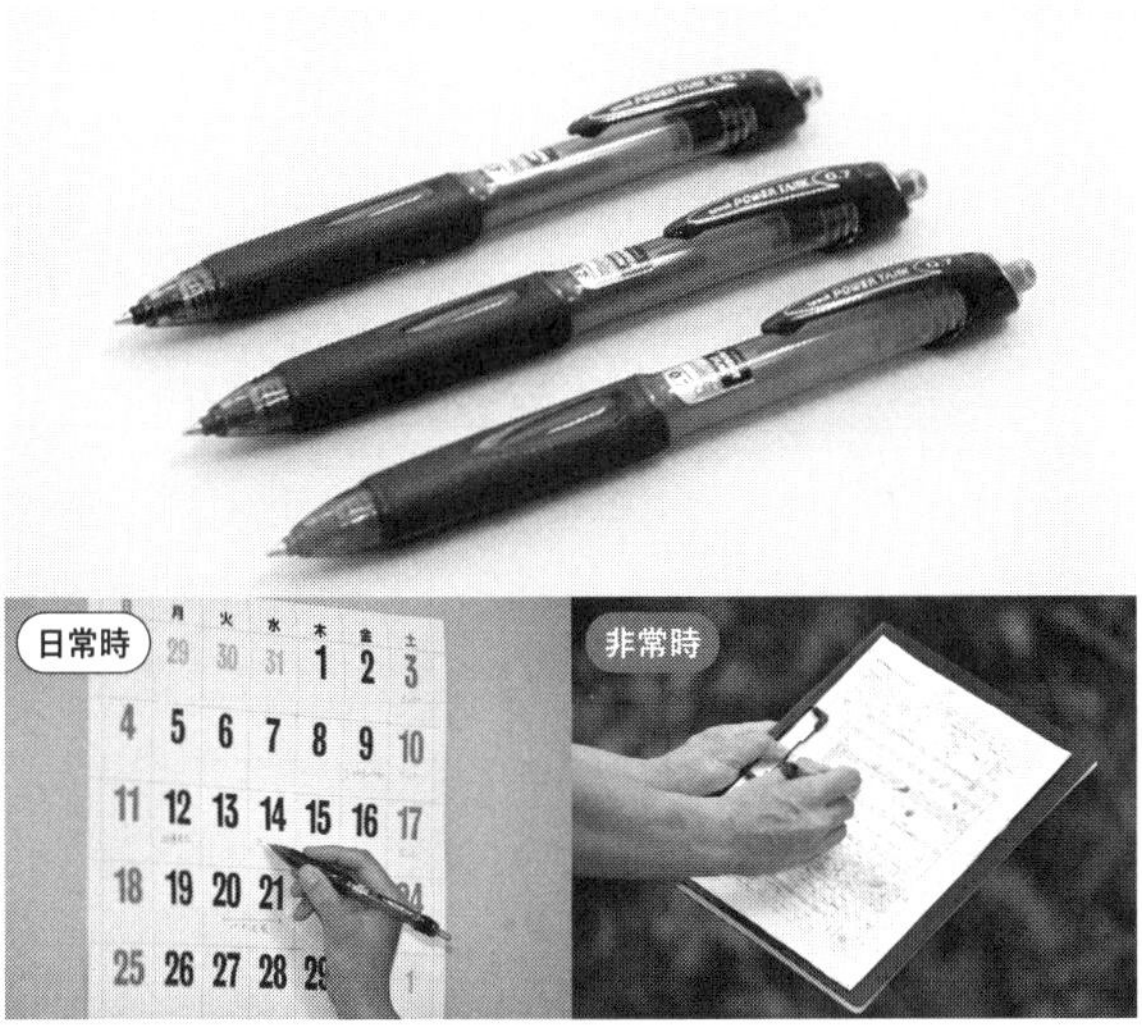

パワータンク

ンは、横向きや逆さ向きの状態では重力の関係でインクが出づらく、文字が書きにくい。そこでパワータンクは独自の加圧リフィルを搭載。氷点下や紙が濡れた状況なども含めた、あらゆるシチュエーションでスラスラと文字が書けるボールペンを実現しました。これにより、日常時に工事現場や冷温倉庫などの作業従事者をサポートするだけでなく、豪雨や水害の現場といった困難な状況であっても、調査書や報告書の筆記が可能な商品となっているのです。日常時と非常時の両方において、変わらぬ書き心地を提供しているという点で、パワータンクはこの「タイプC」に該当するでしょう（なお、

パワータンクは20年前に発売された商品ですが、フェーズフリーな側面を打ち出した結果、再度注目が集まっています)。

最後は「D：日常時と非常時に、異なる価値を提供する」タイプのフェーズフリー。たとえば日常時には燃費の良い自動車、非常時には発電機として価値を発揮するプリウスPHEVなどが該当します。

自社の商品やサービスをフェーズフリーにする際に、今ある機能を非常時にも使えるようにリデザインする（カテゴリC）のか、それとも、非常時には全く別の使い方ができるようにリデザインする（カテゴリD）のかによって、最終的なアウトプットは全く異なります。もし「良いな」と思えるフェーズフリーを見かけることがあったら、ぜひ、それがいずれのカテゴリになるのかを考えてみてください。そうした視点を持つことが、自ら開発を行う際にも、ひらめきをもたらしてくれるはずです。

日常時と非常時の境界はどこか

次の知識は「日常時と非常時の境界」です。ここで、ひとつ質問させてください。「非常時」という言葉を耳にした時、あなたがイメージするのは、どのような光景でしょうか？

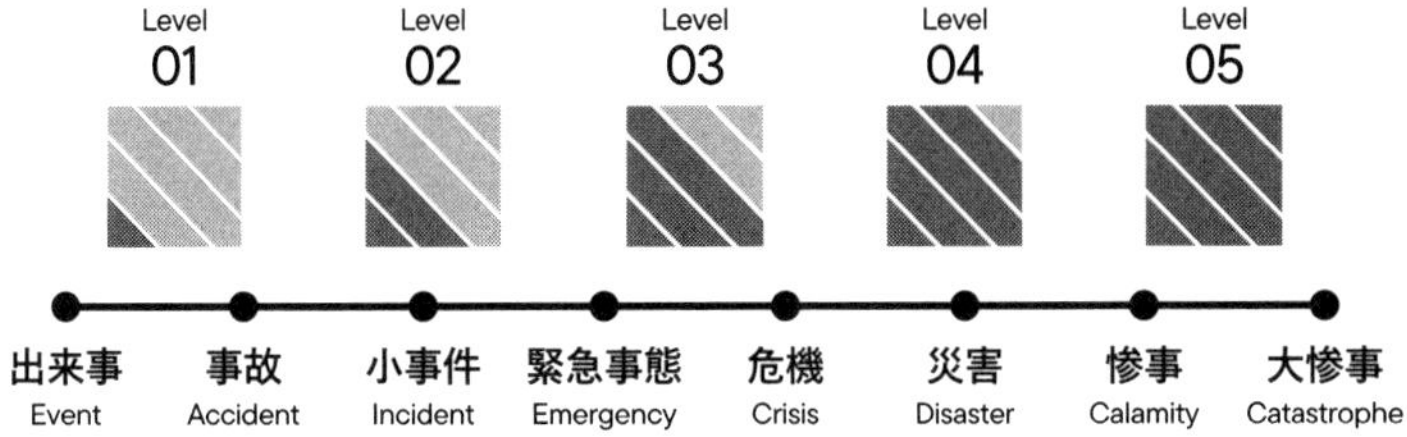

被害のレベル。フェーズフリー協会では被害のレベルを5段階に分けている

それは、地震の大きな揺れで本棚が崩れ落ちてくる光景かもしれませんし、津波が押し寄せてくる光景かもしれません。台風が車を吹き飛ばす光景だったり、豪雨で街が水没している光景だったりするかもしれません。いずれにせよ、多くの方が想像するのは、悲惨な状況、とても大きな被害が発生している光景なのではないでしょうか。

もちろん、それらは間違いなく「非常時」の光景のひとつです。けれども「非常時」とは、はたしてそうした凄惨な状況だけを指す言葉なのでしょうか？

たとえば豪雨被害であっても、ある瞬間、突然洪水が街を襲うわけではありません。一滴の雨粒が落ちてくるところから周囲が見えなくなるほどの雨が降り続く状況まで、時間を追って変化し、最終的に水害が発生します。そこには連続的な変化が存在し、**どこまでが「日常時」で、どこからが「非常時」だと明確に区分するのは、案外難しい**ものなのです。

そう考えれば、快適な日常生活から一歩でも離れた時点から「非常時」であるといえるでしょう。たとえば普段の生活においても、ささいなことに目を向けてみれば、私たちは大なり小なり何らかの被害を受けています。うっかり傘を忘れて外出して、出先で雨に濡れてしまったり、洗い物をして手を滑らせ、お気に入りの食器を割ってしまったり。そうした出来事をあくまで「よくあること」と気にしないのか、「防げたかもしれない被害」と捉えて改善策を考えるのか。

フェーズフリーなアイデアを考えようとした時、多くの人は規模の大きな被害を想定して案を出そうとします。しかしそうした被害は詳細を想像するのが難しく、案を出そうとしても凡庸なアイデアになりがちです。そのため、まずは身近な「出来事」や「事故」程度の被害から考えてみるのはどうでしょうか。

そもそも**「災害」とは、明確な実体を持った存在ではありません**。地震の揺れで転んで怪我をする、家族と連絡が取れなくなる、停電で電子機器が使えなくなる、など、小さな被害の集合体として現れる社会現象です。そうだとすると、小さな「出来事」や「事故」を防いだり、リカバリーしたりできるアイデアをたくさん生み出していくことが、災害のような大きな非常時を解決することにつながっていくとも言えます。

建てつけが悪く開きにくいドアは、いざ地震が起こるといよいよ開かなくなるかもしれない。粉ミルクのストックをうっかり買いそびれて切らしているときに限って、避難生活を強いられるかもしれない――、「非常時」は「日常時」の延長線上にあるのです。

2種類の脆弱性

最後に共有したいのは「2つの立場」です。これは言い換えれば、商品やサービスを開発するにあたっての「2つの方向性」ともいえます。第1章で紹介したとおり、地震や豪雨などの「危機（Hazard）」は、それ自体では被害をもたらさず、「社会の脆弱性（Vulnerability）」と出会った時に、初めて「災害（disaster）」となります。フェーズフリーは、日常の価値を用いて、それらの脆弱性を小さくしていくことで、危機が脆弱性と重ならないようにし、災害という課題を解決していこうという試みでした。

であれば、フェーズフリーなアイデアを考える際には、いま自分たちが小さくしようとしているのは、「何の脆弱性なのか？」という点に気をつけなければなりません。これは、どういうことでしょうか？

フェーズフリーな商品やサービスが小さくできる脆弱性には、大きく分けて2種類あります。**「商品やサービスそのものが抱える脆弱性」**と、**「その商品やサービスを利用する人（や社会）が抱える脆弱性」**のふたつです。それぞれ、例をもとに考えてみます。

たとえば、先ほど紹介した「パワータンク」というフェーズフリーなボールペンがあります。これは独自の構造により、氷点下や濡れた紙といった過酷な状況でもスラスラと書くことができるため、非常時にも日常どおりに使用することができる商品でした。この独自構造が小さくしているのは、「氷点下や、紙が濡れた状況では文字を書くことができない」という、多くのボールペンが抱える脆弱性です。

一方で、仮に「独自の凹凸加工により握りやすく設計されたグリップが搭載されており、停電などの状況下では、グリップにスマートフォンのライトなどを当てることで、即席のランタンとして使用できるボールペン」が存在したとします。

さて、この商品が小さくしている脆弱性は、何が抱えている脆弱性でしょうか？　この場合、「暗い中では行動が制限されてしまう人間」や「非常時に停電を起こしてしまう可能性がある社会」の抱える脆弱性を小さくしている、ということができるでしょう。そう、同じ「フェーズフリーなボールペン」を作ろうとした場合でも、「商品やサービスそのものが抱える脆弱性」を小さくする方向と、「その商品やサービスを利用する人（や社会）が抱える脆弱性」を小さくする方向の、どちらの方向で考えるかによって、全く異なったアイデアが生まれてくるのです。

アイデアづくりのワークショップを開催していると、一緒にアイデアを考えているグループメンバーが、それぞれ別の方向で考えようとしており、話が噛み合わなくなっている場面に遭遇することが少なくありません。アイデアを出すなかで混乱してしまったり、他のメンバーと話がすれ違っているように感じたりする場合には、この「2種類の脆弱性」

のうち、自分たちがどちらの脆弱性を対象にしているのかを整理すると良いでしょう。

現状（As is）を分析する

では、追加も含めて全ての基礎知識が確認できたところで、具体的なアイデアづくりに進みましょう。先の説明どおり、アイデアを作る際に重要なのは「フォアキャスティング」で考えること、つまり、現在における商品価値（As is）の分析から始めることです。

とはいえ、「現在の商品価値を分析する」といっても、そこには様々な方法が考えられます。ですので、ここではワークシートを用いながら分析を行うことにしましょう。次ページのシートをご覧ください（ワークシートA）。これは実際のワークショップで使用するワークシートのひとつです。後ほど具体例を交えながら活用方法をお伝えしますが、まずは全体像を見てみましょう。

ワークシートの左側、「As is」と書かれた欄をご覧ください。現状の分析は、ここを埋めることで行います。

まず「Phase（フェーズ）」と書かれた欄にて、対象の商品やサービスが、現状では「日常

To be	
Usual	Unusual

ワークシートA

	As is
What	
Phase	Usual / Unusual
Value	
Where	
When	
Why	
Who	

用（Usual）」なのか、「非常用（Unusual）」なのかを書きましょう。該当する方に丸をつけるなどしてチェックしてください。これは先ほど基礎知識として紹介した2つのアプローチ（「従来の商品やサービスをフェーズフリーにする」と「防災用品やサービスをフェーズフリーにする」）のうち、どちらからアイデア開発を試みようとしているのか明確にするためです。

そこを明確にした上で、選択したフェーズ（Usual or Unusual）において、現状の商品やサービスがどのような価値を発揮できているのかを分析していきましょう。

分析は、フェーズフリーの4つの視点「Why / Where / Who / When」（P114）に基づいて行います。フェーズフリーの評価基準である「汎用性×有効性」（P112）のうち、「汎用性」の部分を確認するのです。

たとえばUsualの商品であれば、この商品が日常では、主にどういった場面やタイミングにおいて、どういった人々の、どういった課題を解決できているのかを分析します。

それらの項目がある程度出揃えば、現状の商品が持つ本質的な価値と主に活躍する場面、つまりは現時点での商品コンセプトが改めて可視化できるはずです。

そうして見えてきた現状のコンセプトを「Value」と書かれた欄に記載してください。

これにて現状（As is）の分析は一旦完了です（「What」の欄は、商品のスケッチなどを描く際に使ってください）。

汎用性を発散させる

現状の分析ができたら、次は「アイデアの発散」です。現状の価値（汎用性）を拡張する方法を、ワークシートAの右側を使って発散的に考えていきましょう。現状（As is）の汎用性を、どのように拡張することができるのか、あるべき姿（To be）のアイデアを出していくのです。

現状分析の際には、現状における利用場面（Usual / Unusual）だけを検討していました。ここでは「日常時（Usual）」と「非常時（Unusual）」の両フェーズを取り扱います。

たとえば「ビジネスシューズ」の汎用性を拡張する場合、まずは、これまで日常の「通勤中/勤務中/退勤中」だったWhenを、日常の「運動中」にも使用できるように拡張することはできないか？　といった風に案を出していきます。その上で、そうした拡張が可能な場合、非常時の価値をどのように拡張できるか考えます。「運動中にも履けるほど足への負担が少ない靴であれば、災害で帰宅困難が発生した際にも、使い勝手が良いのではないか？」といったように、シートの右側、Unusualにおける汎用性を拡張していくのです。

そうすると、「走りやすく設計されているため、日常のQOLが上がり、なおかつ、そのおかげで災害発生時に足へかかる負担も減らすことができるビジネスシューズ」といったコンセプトが生まれます。

こうした作業を、ひとつの商品やサービスに対して、思いつくまま次々に行いましょう。理想は4つの視点（Where / When / Why / Who）の全てを拡張できることですが、もちろんひとつかふたつの視点に偏っても問題ありませんし、一枚のシートでは書ききれない場合、複数枚使っても大丈夫です。とにかく発散的に、数をこなしていきましょう。

有効性から候補を絞る

さて、こうして発散的に複数のアイデアを出したら、次は「アイデアの収束」をします。実際に商品化するアイデアを絞り込んでいくのです。収束させる際には、先ほどまで用いていたのとは別のワークシート（162ページ：ワークシートB）を利用します。

ご覧になっていただければわかるとおり、ワークシートAが「汎用性×有効性」の「汎用性」を主軸として構成される一方で、こちらのワークシートBは「有効性」も対象です。

ワークシートAでは、汎用性を広げるアイデアを発散的に洗い出しました。しかし、いくら汎用性が高まったとしても、それらが日常時と非常時の両方において有効な価値を発揮できなければ、意味がありません。そのため、ワークシートAで発散したアイデアを、（改めて汎用性を評価した上で）有効性の観点からも評価することによって、本当に（日常時と非常時両方において）有用なアイデアを選び出すのです。

124ページでご紹介したとおり、有効性は「フェーズフリーの5原則」（常活性／日常性／直感性／触発性／普及性）をベースに評価します。そして、フェーズフリーは相対的に評価を行うものであるため、評価の際には比較対象となるベンチマークが必要です。ですので、現在の商品やサービス（As is）をベンチマークとして、先ほど考えたアイデアがベンチマークと比較してどれほど有効性が高くなったかを、一つひとつの項目ごとに評価していきます。ベンチマークを0とした時に、有効性が高まったのか、下がったのかを、±2の範囲で評価するのです。

発散の段階で作ったアイデアの種をすべて評価し終わったら、最後にそれぞれの点数を見比べ、一番有効性の高かったアイデアがフェーズフリー性の高いアイデアということになります。これでアイデア作りは終了です。

いかがでしょう？「フェーズフリーなアイデアを作ろう」というだけだと、さまざまな案が浮かんでしまい収束が難しい一方で、こうやってフォアキャスティングに発想していけば、意外とシンプルにアイデアを生み出せることがおわかりいただけたのではないでしょうか？

とはいえ、一連のフローだけを学んでも、まだしっくりこないという方も多いのではないかと思います。そこで最後に、既存のフェーズフリー商品を例にあげ、仮想的にアイデア創出のケーススタディをご覧いただき、本章を締めたいと思います。

評価 -2	-1	0	+1	+2	評価の理由／コメント

Benchmark
（As is）

		評価項目	
汎用性	日常時	Where	日常時の様々なWhere（場所）で利用できる
		When	日常時の様々なWhen（時）に利用できる
		Why	日常時の様々なWhy（対応課題）に利用できる
		Who	日常時の様々なWho（対象）が利用できる
	非常時	Where	非常時の様々なWhere（場所）で利用できる
		When	非常時の様々なWhen（時）に利用できる
		Why	非常時の様々なWhy（対応課題）に利用できる
		Who	非常時の様々なWho（対象）が利用できる

有効性	常活性	日常時のQOL影響能力	日常時のQOL（クオリティ・オブ・ライフ）を向上させる能力が高い
		非常時のQOL影響能力	非常時のQOL（クオリティ・オブ・ライフ）を向上させる能力が高い
	日常性	機能面のデザイン	日常時に利用したいと感じる機能的価値をもっている
		情緒面のデザイン	日常時に利用したいと感じる情緒的価値をもっている
		入手容易	日常時において、同じ提供課題をもった商品・サービスと比べて手に入りやすい
		販売容易	日常時において製造、輸送、保管等を含め、総合的に販売しやすい
	直感性	方法理解	直感的に利用方法がわかる
		場面理解	直感的に利用する場面（シーン）がわかる
		限度認識	使用限界、交換時期がわかる
	触発性	災害想起	利用者が災害に対するイメージをより具体的に描けるようになる商品・サービスである
		開発促進	開発者・提案者によって、新しい商品・サービス開発のためのきっかけとなっている
		意識向上	利用者同士で非常時の事前相談・ルール作成などの会話や行動のきっかけとなっている
	普及性	新規創生	その利用方法に新しさ、面白さを感じる商品・サービスであるか
		価値共有	気軽に利用でき、まわりに広めたくなる商品・サービスであるか

ケーススタディ①　ビジネススーツ

ワークシートA（P166）

ひとつめのケーススタディは、先にも少し例としてあげた「スーツ」です。まずは現状の商品を分析しましょう。

最初に、アプローチの方向を明確にするために、既存の商品が利用されているフェーズを確認しましょう。メンズスーツの場合、利用されるフェーズは日常になるため、「Usual」を丸で囲みます。

では、既存のスーツが日常において、どれだけの汎用性を持っているのかについて、「Where」「When」「Why」「Who」という4つの視点を通して分析してみましょう。

スーツの場合には、用途や目的なども明確なため、分析が簡単なのではないでしょうか。たとえばWhereの欄にはオフィスや通勤電車、訪問先企業などが入るでしょうし、Whenには勤務時間や春や秋などの季節が入るはずです（夏や冬などはクールビズやコートなどがメインとなるため）。

こうして4つの視点を書き出すと、スーツという商品の基本的なコンセプトが明確になってきます。現状のコンセプトを「Value」の欄に記入しましょう。これにて現状分析は一旦完了です。

現状の分析ができたら、次はTo beを書き出していきましょう。まずは日常において、これらの汎用性をどのように拡張することができるか考えてみます。なお、このタイミングでは、あくまで発散的にアイデアを考えるため、いったん「非常時に役立つかどうか」は考慮しなくてもかまいません。あくまでスーツの日常時における価値を高め、より良いものに改善していくためにできることを考えてみてください。

たとえば、先ほど記入したAs isを見ると、スーツを快適に着ることのできるシチュエーションが、意外と限られていることに気が付くでしょう。であれば、もし「夏冬の屋外」でも快適に着られるようにできれば、日常における価値を高められるかもしれません。そのような案が出たら、「To beの欄に記入します。こうした調子で、現状をベースにして案を出し、それぞれの欄を埋めていきましょう。

日常における汎用性が拡張できたら、次は右側（Unusual）に、それらの要素が、非常時においてどのように汎用性を高めてくれるか考えて加筆してください。たとえば「夏冬の屋外でも心地よく着れるスーツ」を作ることができれば、非常時に空調が利用できなくなった場合にも、体調管理が可能になるのではないか……、といったように、先ほど出した案を非常時に発揮される価値まで拡張していくのです。

そうして書き出していくと、「体温を調整してくれるため、日常時には、屋内外の温度

To be	
新素材である調温・調湿機能が高い『コントロールα』という繊維を使用したスーツ ※必要に応じてスケッチを描く	
Usual	**Unusual**
・快適に着用できる温度帯が広いため、ビジネスシーンにおいて我慢せずとも相手に好印象を与える ・室内外の温度差による体調不良を緩和することができる	・停電などで、空調が効かなくなった時でも、ある程度体温を維持できる ・突然の温度変化にある程度対応できる
・夏冬の屋外	・帰宅困難時の屋外で体温を調整する ・一時避難の車内で快適に過ごす ・空調の効かない避難所で不快感を軽減する
・スーツ着用時の最適温度帯を広げる	・帰宅困難によるオフィスでの宿泊時
・室内外に温度差があっても快適に ・より長い期間着用することができる	・体温を維持する
・暑がりな人 ・寒がりな人 ・温度差による体調の乱れが生じやすい人	・余計に衣類を持ち歩いていない人

	As is
What	※必要に応じてスケッチを描く
Phase	(Usual) / Unusual
Value	・フォーマルなビジネスシーンに最適なデザインで、相手に好印象を与える ・ビジネス上のなるべく多くのTPOに対応する
Where	・オフィス ・通勤電車 ・訪問先企業
When	・勤務時間 ・春・秋（暑い&寒い季節以外）
Why	・ビジネスシーンに最適な装い
Who	・仕事上フォーマルな服装を求められる人 ・ビジネスパーソン

差による体調不良を防ぎ、非常時には避難所等でも過ごしやすくしてくれるスーツ」といったアイデアが浮かんできます。そうしたら、どうすればそのアイデアを実現できるか考え、最後に「What」の欄にその案（新素材である調温・調湿機能が高い『コントロールα』という繊維を使用したスーツ）を記載して終了です。これでアイデアがひとつ完成しました。こうした作業を、ワークシートAを複数枚使って、何回も行っていきましょう！

ワークシートB（P170）

アイデアを複数個作ったら、次はこれらをワークシートBを使って評価し比べることで、最終的に採用するアイデアを絞り込んでいきましょう（実際には全てのアイデアを評価することになりますが、ここでは誌面の関係上、先ほど作った「体温を調整してくれるスーツ」案の評価例を掲載します）。

まずは汎用性を評価します。これはそのまま、ワークシートAでどれだけ汎用性を拡張できたかを改めて記載します。

ワークシートBで特に重要になるのは有効性。5原則に照らして、どれだけ有効性が見込めるかを記載していきましょう。「体温を調整してくれるスーツ」というアイデアの場合、空調の効いた屋内と屋外の温度差が大きくても快適に着用できるため、「常活性」については、日常時のQOLを向上させる能力は高いと言えるでしょう。非常時に空調が効かない状況下でも同様に効果を発揮するため、非常時のQOLを向上させる能力も評価できます。

さらに「日常性」においても、どんな気候においても快適な着心地を実現していることから、機能面のデザインを評価することもできるでしょう。また、「直感性」において、既存のスーツと何ら変わらない方法で着用できますから、「方法理解」、「場面理解」でも評価できます。くわえて「普及性」において、これまでにない新しい素材を使用している点で、「新規創生」につながっていると言えるでしょう。

全体として高い数値を記録しているため、実際に商品にした際に大きな評価が期待できそうです。

実際に、このような発想から生まれた商品が存在します。先ほども少し紹介した、青山商事のスーツ「コントロールαスーツ」です。

事例 青山商事 コントロールαスーツ

「コントロールαスーツ」は、調湿機能に優れた素材を使い、いつどんな状況でも快適に着られるスーツです。ポリエステル繊維に火山灰の粒子を織り込んだ素材を用いていて、暑いときは汗の湿気を吸収して体温とともに外へ放出、寒いときには体温を閉じ込め、保

-2	-1	0	+1	+2	評価の理由／コメント
			●		暑い場所でも寒い場所でも
			●		着用できる期間や時間が長くなる
				●	室内外の温度差に対応。冷暖房による体調不良緩和
		●			対象はあまり変わらない
			●		避難所・避難生活場で利用できる
			●		避難所生活を送る復旧時に利用できる
			●		突然の温度変化に対応
		●			対象はあまり変わらない

-2	-1	0	+1	+2	評価の理由／コメント
				●	日常時のQOLはかなり高まる
			●		非常時の体温維持がQOLを高める
			●		着るだけで常にスーツ内の温度を快適に保つ機能的価値をもっている
			●		暑い時も涼しい時も体感温度を快適に保つため、いつも着用したくなる
			●		高機能のスーツが通常の店舗やインターネットですぐに購入できる
		●			特に変わらない
			●		普段から着用しているので既知である
			●		急な温度変化に対応しやすいと理解できる
			●		普段から着用しているので限界が理解できる
			●		非常時の体温維持が重要だと気が付く
			●		対応温度帯を広げるだけでも、フェーズフリーになるというアイディア
		●			特に変わらない
			●		着るだけで常に快適さを保てる不思議な機能を実現している
			●		快適さと着心地の良さから、ビジネスシーンや就職活動用で人に勧めたくなる

Benchmark
（As is）

ワークシートB（ビジネススーツ）

			評価項目
汎用性	日常時	Where	日常時の様々なWhere（場所）で利用できる
		When	日常時の様々なWhen（時）に利用できる
		Why	日常時の様々なWhy（対応課題）に利用できる
		Who	日常時の様々なWho（対象）が利用できる
	非常時	Where	非常時の様々なWhere（場所）で利用できる
		When	非常時の様々なWhen（時）に利用できる
		Why	非常時の様々なWhy（対応課題）に利用できる
		Who	非常時の様々なWho（対象）が利用できる

有効性	常活性	日常時のQOL影響能力	日常時のQOL（クオリティ・オブ・ライフ）を向上させる能力が高い
		非常時のQOL影響能力	非常時のQOL（クオリティ・オブ・ライフ）を向上させる能力が高い
	日常性	機能面のデザイン	日常時に利用したいと感じる機能的価値をもっている
		情緒面のデザイン	日常時に利用したいと感じる情緒的価値をもっている
		入手容易	日常時において、同じ提供課題をもった商品・サービスと比べて手に入りやすい
		販売容易	日常時において製造、輸送、保管等を含め、総合的に販売しやすい
	直感性	方法理解	直感的に利用方法がわかる
		場面理解	直感的に利用する場面（シーン）がわかる
		限度認識	使用限界、交換時期がわかる
	触発性	災害想起	利用者が災害に対するイメージをより具体的に描けるようになる商品・サービスである
		開発促進	開発者・提案者によって、新しい商品・サービス開発のためのきっかけとなっている
		意識向上	利用者同士で非常時の事前相談・ルール作成などの会話や行動のきっかけとなっている
	普及性	新規創生	その利用方法に新しさ、面白さを感じる商品・サービスであるか
		価値共有	気軽に利用でき、まわりに広めたくなる商品・サービスであるか

温性を高めます。真夏などには、屋外は汗が噴き出すほど暑いのに、屋内に入ると極端に冷房が効いていて、汗が冷えてしまうほど寒いときがありますよね。そうした温度差の激しい状況でも、快適に過ごせるスーツというわけです。もちろん、非常時に急きょ避難生活を余儀なくされ、停電で冷暖房が効かなかったり、屋外で長時間過ごす必要にせまられても、スーツを着たままで快適に過ごせるのです。

ほかにも青山商事は、多種多様なフェーズフリー商品を開発しています。ぜひウェブサイトなどをチェックしてみてください。

このように、既存の商品やサービスをもとにして、「日常時」の価値を最大限高める方法を考えることで、結果として非常時にも役立つものとなり、フェーズフリーな商品・サービスを生み出すことができるのです。

ケーススタディ②　止水ドア

ワークシートA（P174）

では次に、もうひとつ別のケースを体験してみましょう。次に取り扱うのは、止水ドアです。止水ドアとは、洪水等が発生した際に浸水を防ぐことを目的として設置されるドアのこと。これは非常時に使用することを想定した製品であるため、「防災用品やサービスをフェーズフリーにする」アプローチです。しかしこの場合も、基本的なフローは変わりません。まずは、現状（As is）の分析からスタートしましょう。

コントロールαスーツ

　非常時の使用を想定した商品ですので、「Phase」の欄では「Unusual」にチェックを入れます。そのうえで、この製品が非常時においてどれだけの汎用性を持っているのかを、「Where」「When」「Why」「Who」という4つの視点を通して分析しましょう。

　現状の分析ができたら、次はTo beの洗い出しです。スーツのような「Usual」の商品を取り扱う場合には、日常における汎用性を拡張するところからスタートしましたが、今回は「Unusual」な商品のため、まずは非常時における汎用性を高める方法

To be	
日常使いできるデザインにすることで、非常時の止水性能を高め、 日常生活のQOLも上げてくれる止水ドア ※必要に応じてスケッチを描く	
Usual	Unusual
・設置が容易 ・ドアの開閉、ロックが容易 ・遮音性、気密性が高い	・特別な操作が不要で、常に止水機能が維持されている
・一般的なドアが設置できるところはどこでも	・一般的なドアが設置できるところはどこでも
・いつでも日常的に	・いつでも止水できる状態になっている ・特別な操作が不要
・遮音する ・冷暖房効率の向上	・高い止水性 ・急に水位が高くなった時でも対応できている
・遮音したい人 ・冷暖房効率を向上したい人	・屋内の設備を水害から守りたい人 ・雷や暴風雨の音、騒音から室内環境を守りたい人

ワークシートA（止水ドア）

	As is
What	※必要に応じてスケッチを描く
Phase	Usual / (Unusual)
Value	・津波や洪水等が発生した際に、ドアからの浸水を防ぐ
Where	・止水ドアが設置できる特別な場所
When	・止水ドアとして機能させるための特別な操作をした時
Why	・止水する
Who	・止水をしたい人

を検討した後に、それらが日常において、どのように汎用性を高めてくれるか考えます。

たとえば止水ドアは通常、浸水を止める際には専用のハンドルを回して閉めるなどの操作が必要です。これを一般的なドアと同じような使い慣れたノブに設計することができれば、特別なアクションが不要で、常に止水できることになるため、非常時のWhenを拡張できるかもしれません。また、ドアノブだけでなくドア自体のサイズ感なども一般的なドアに近づけることができれば、Whereをこれまでの限られた設置箇所から、幅広く拡張できるでしょう。

非常時における汎用性が拡張できたら、次は左側に、それらの要素が日常時において、どのように汎用性を高めてくれるか考えて加筆してください。

たとえば止水ドアは防音性能なども高くなっているため、一般的なドアと同じように設置することができるようになれば、Whoを「止水をしたい人」から「遮音」したい人まで拡張できるかもしれません。また、止水ドアは気密性も高いため、日常における冷暖房効果を高めることもできるでしょう（Ｗｈｙの拡張）。

こうして非常時と日常時の汎用性拡張案が出てきたら、それらを統一してひとつのアイデアにまとめあげます。今回の場合には「日常使いできるデザインにすることで、非常時の止水性能を高め、日常生活のＱＯＬも上げてくれる止水ドア」という案にまとめられそうです。

ワークシートB（P178）

こうした作業を繰り返し、複数のアイデアを生み出しましょう。次に、それらをワークシートBを使って評価し比べ、最終的なアイデアを絞り込んでいきます。今回は、いま作成した「日常使いできるデザインにすることで、非常時の止水性能を高め、日常生活のＱＯＬも上げてくれる止水ドア」というアイデアを評価してみましょう。

このアイデアの場合、「常活性」については、遮音効果などから日常時のＱＯＬを向上させ、常に止水可能な状態にできることから、非常時のＱＯＬも高まっていると評価できます。

また、一般的なドアに近いデザインにしたことから、「日常性」における「機能面のデザイン」や、「直感性」における「方法理解」なども高く評価できそうです。

先ほどのスーツと同様に、こちらも全体として高い数値を記録しているため、やはり実際に商品にした際に大きな評価が期待できそうです。そして、これも実際に商品として販売されています。東洋シヤッター株式会社の「ＴＳウォータータイト」です。

評価 -2	-1	0	+1	+2	評価の理由／コメント
			●		一般的なドアが設置できる場所ならどこでも
			●		普通のドアの使用方法で、いつでも
			●		気密性に加え、遮音性にも優れている
			●		特別な操作方法を理解していない人でも利用できる
		●			一般的な止水ドアと変わらない
				●	常に止水されている
				●	常に止水性能を発揮している状態から、素早く開閉できる
			●		特別な操作方法を理解していない人でも利用できる

			●		気密性、遮音性が高まった
				●	常に止水できているので非常時QOLが維持
				●	通常のレバー型デザインのハンドルが機能的価値につながっている
		●			通常のドアと変わらない
			●		特別な設置場所を必要としない
			●		差別化できる付加価値により販売がしやすい
				●	通常のドアと開閉やロックの方法が同じで理解が容易
		●			一般的な止水ドアと変わらない
		●			一般的な止水ドアと変わらない
		●			一般的な止水ドアと変わらない
			●		新しい技術は、止水ドアの特別な仕様、特別な操作を不要とした
		●			一般的な止水ドアと変わらない
			●		止水性を高めた普通のドアは、日常にもさまざまな価値をもたらす
			●		普段しない動作で非常時に必要な操作を行うことは難しいという気づき

Benchmark
（As is）

		評価項目	
汎用性	日常時	Where	日常時の様々なWhere（場所）で利用できる
		When	日常時の様々なWhen（時）に利用できる
		Why	日常時の様々なWhy（対応課題）に利用できる
		Who	日常時の様々なWho（対象）が利用できる
	非常時	Where	非常時の様々なWhere（場所）で利用できる
		When	非常時の様々なWhen（時）に利用できる
		Why	非常時の様々なWhy（対応課題）に利用できる
		Who	非常時の様々なWho（対象）が利用できる

有効性	常活性	日常時のQOL影響能力	日常時のQOL（クオリティ・オブ・ライフ）を向上させる能力が高い
		非常時のQOL影響能力	非常時のQOL（クオリティ・オブ・ライフ）を向上させる能力が高い
	日常性	機能面のデザイン	日常時に利用したいと感じる機能的価値をもっている
		情緒面のデザイン	日常時に利用したいと感じる情緒的価値をもっている
		入手容易	日常時において、同じ提供課題をもった商品・サービスと比べて手に入りやすい
		販売容易	日常時において製造、輸送、保管等を含め、総合的に販売しやすい
	直感性	方法理解	直感的に利用方法がわかる
		場面理解	直感的に利用する場面（シーン）がわかる
		限度認識	使用限界、交換時期がわかる
	触発性	災害想起	利用者が災害に対するイメージをより具体的に描けるようになる商品・サービスである
		開発促進	開発者・提案者によって、新しい商品・サービス開発のためのきっかけとなっている
		意識向上	利用者同士で非常時の事前相談・ルール作成などの会話や行動のきっかけとなっている
	普及性	新規創生	その利用方法に新しさ、面白さを感じる商品・サービスであるか
		価値共有	気軽に利用でき、まわりに広めたくなる商品・サービスであるか

事例

東洋シヤッター TSウォータータイト

シャッターメーカーとして半世紀以上の歴史を誇る東洋シヤッター株式会社は、こうしたフェーズフリーな止水ドアを商品化した企業のひとつです。

東洋シヤッターの「TSウォータータイト」は、普段使用するドアに止水性能を付加した商品。水害発生時に止水板を設置したり、追加部材を設置したりする必要がなく、通常のドアと同じ使用方法のまま止水性能を発揮できます。

開閉が容易で、設計や施工もしやすく、既設のドアからの入れ替えも可能。止水ドアとしての性能を高めつつ、同時に防音性能や高い気密性などから、日常の生活環境向上にも価値を発揮してくれる商品です。

このように、非常時用の商品やサービスであっても、適切なフローで検討を行えば、日常時にも活用できるフェーズフリーなアイデアを生み出すことができます。ぜひ参考にし、試してみてください。

専門家よりも、あなたの方が可能性を秘めている

本章ではフェーズフリーなアイデアを考える際に起こりがちな失敗の紹介から始まり、前提となる基礎知識、そして具体的なアイデア作成のフローを、実際のワークショップ資料や実例を交えて紹介してきました。本章を読んでみた感想はいかがでしたか。「自分にもフェーズフリーなアイデアが作れそうだ！」と思っていただけたでしょうか。もしそう感じて、実際に読者の皆さんがフェーズフリーなアイデアを次々と生み出してくだされば、きっとそのアイデアに触発された人がまた新たにアイデアを作り出し、次々と“気づきの連鎖”が生ま

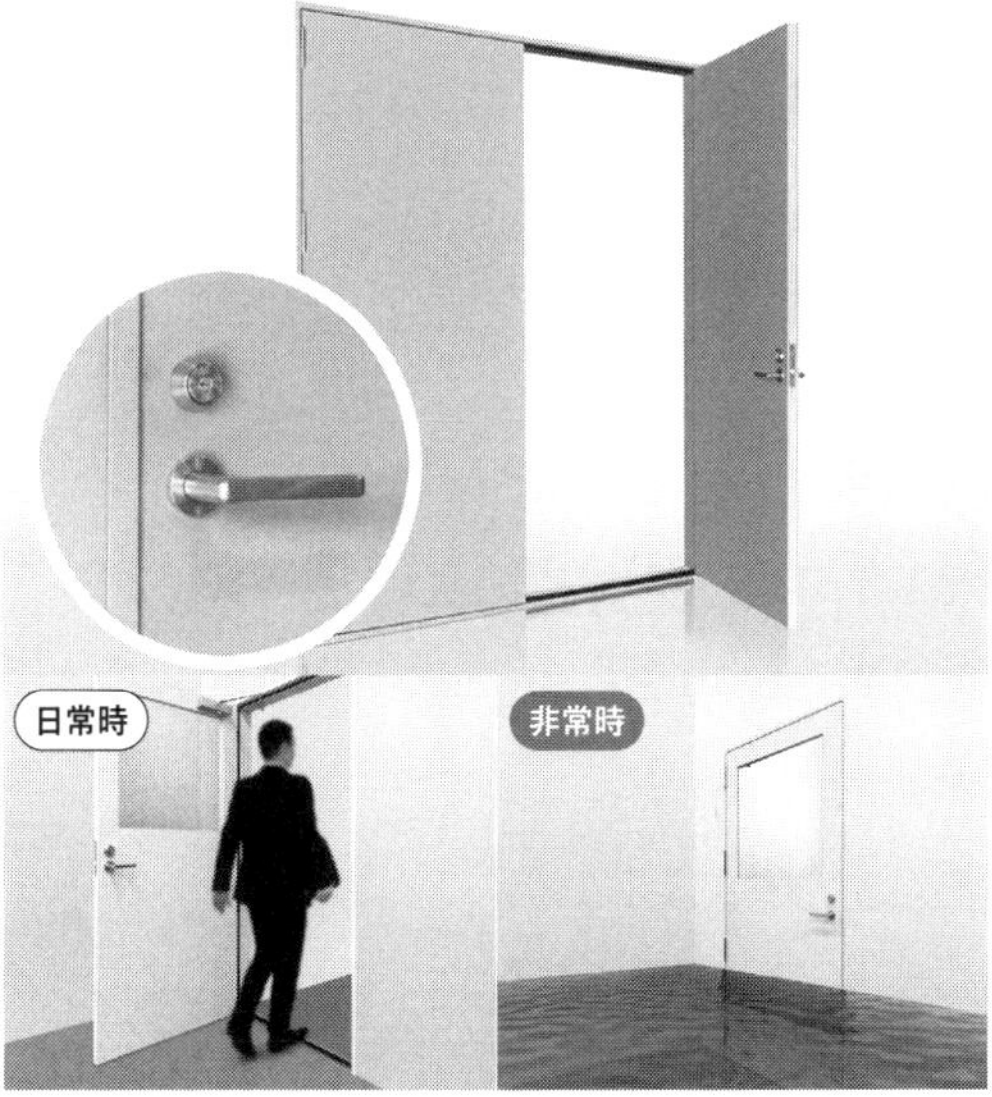

TSウォータータイト

れていくはずです。そうなれば、筆者としてそれ以上に嬉しいことはありません。

フェーズフリーに関するワークショップや研修を行っていると、「なぜフェーズフリーに関するアイデアをそんなに思いつくことができるのですか？」と尋ねられることが頻繁にあります。わたしはマーケティングの専門家ではありませんから、発想力に自信があるわけではありません。強いて言うなら、防災の専門家として、国内外の災害の現場へ赴き、被害の状況や、それを起こすメカニズムなどを調査してきたからかもしれません。すなわち、現場の声や、〝声なき声〟、つまり、災害で亡くなったり行方不明になるなどして、もうその言葉を聞くことのできない方々の声を数多く聞いてきたから、と言えるでしょう。

しかし本章で見てきたとおり、フェーズフリーなアイデアを考える際には、そうした非常時のことを想定したバックキャスティングな思考よりも、まず現在、ここにある商品やサービスの価値をどれだけ高めることができるのかという、フォアキャスティングな思考の方が遥かに重要です。そして、「いまここ」にある商品やサービスについては、筆者であるわたしよりも、いま現在それらを取り扱っている読者の皆さんの方が、遥かに詳しいはず。つまり、本章で紹介したようなフローさえ身につけてしまえば、わたしよりも読者のみなさんの方が、遥かに素晴らしいアイデアを生み出せる可能性を秘めているのです。

本書を読んでくださった読者の方々が、どれだけ素敵なアイデアをこれから生み出してくれるのか。それを想像するだけで、わたしの胸は期待で大いに膨らんでいます。本章で紹介したワークシートは、巻末の特典URLよりPDFデータがダウンロードできるようになっています。ぜひ活用して、あなたのビジネスを加速させ、世の中の脆弱性を小さくするアイデアをたくさん生み出してください。

31 「洋服の青山オンラインストア」の機能性商品8品目が「フェーズフリー認証」を取得～防災意識の高まりに対応したビジネス商品カテゴリーを新設～」 https://newscast.jp/news/9137851

第5章

誰も取り残さず未来に進むために

地域固有のフェーズフリー

さて、本書ではフェーズフリーの概要解説からはじまり、事例や厳密な定義、そしてアイデアのつくり方までを紹介してきました。ここまでで、本書のコアな部分はお伝えできたので、最後の第5章では少し雑談的に、フェーズフリーにまつわるあれこれを、いくつかご紹介させてください。

企業や自治体、メディアなどでフェーズフリーを紹介していると、話を聞いてくださった方から次のような意見を頂戴することが少なくありません。「日常時にも非常時にも役立つもの……『フェーズフリー』という言葉が生まれる以前から、身近にそういうものがあった気がする」、という意見です。

そう、実はそのとおり。フェーズフリーという概念を知ったうえで、私たちの身近に目を向けてみると、古くから慣れ親しんだものにこそ、フェーズフリーな機能が備わっていることに気がつきます。

たとえば砺波平野(富山県)などには、垣入(カイニョ)と呼ばれる屋敷林の文化があります。屋敷林とは、住居を中心に作られた林のこと。遠くからだと小さな森のように見える、あれです。

屋敷林として植えられている木は日常において、さまざまな役割を果たしています。たとえば秋に拾っておいた落ち葉を冬に囲炉裏で燃やして暖をとり、残った灰を春には田畑の肥料として使う。また、植えられている木々は成長の早い杉であることが多いため、家を建て直す際や修繕する際にも木材として利用が可能です。くわえて、豪雪や台風などの非常時には、防風林としての役割も担ってくれている。とてもサステナブルで、かつフェーズフリーな特性をもちあわせているのです。

屋敷林（写真：光と風の写真工房/アフロ）

世界遺産に登録されたことでも有名な、岐阜県の白川郷、富山県の五箇山にある合掌造りなども同様に、日本に昔から存在するフェーズフリーだといえるでしょう。傾斜の強い茅葺き屋根が印象的な建築様式は、屋根上に雪があまり積もらないようにと考えられた工夫ですが、利点はそれだけではありません。
合掌造りは断熱性や吸音性、通気性などにも優れているため居心地が良く、また、大きな屋根裏に2階、3階と居住・作業スペースや倉庫を広く取ることができます。豪雪という非常時に対応しているだけでなく、日常時の生活空間としても優れたフェーズフリー建築なのです。

こうした例は、枚挙にいとまがありません。沖縄の平屋造りや赤煉瓦屋根、京都の町家、日本家屋の障子や土壁……。その土地土地の風土に合わせて快適に住めることはもちろん、雪や台風など、起こりうる災害を想定した土着のフェーズフリーな建築が昔からありました。

また、地域に根ざしたフェーズフリーが存在したのは、何も建築の領域だけではありません。伝統的な食文化や、衣服などにも、探せばフェーズフリーな要素が多分に見つかります。たとえば、海に近い地域では魚介類を長期間保存できる方法が、豪雪地域では塩蔵が、といったように、日常の食生活を豊かにするためのノウハウが、同時に非常時への対策となっているような文化が古くから存在するのです[32]。

もちろん、これらにデメリットがないわけではありません。たとえば昔ながらの木造住宅が密集していれば大規模な火災につながることもありますし、昨今の温暖化による酷暑を考えれば、空調なしで過ごすのは現実的ではないでしょう。しかし、かつては地域ごとの特性を踏まえたフェーズフリーが展開されていたという事実は、これからのフェーズフリーを考えるにあたっても大きな示唆を与えてくれるはずです。

被災者支援に残された課題

合掌造り（写真：大貫聡/アフロ）

今、厚生労働省やNPO、研究者などの間で、「社会保障の仕組みをフェーズフリー化すべき」という機運が高まっています。[33] 誰も取りこぼさない被災者支援を実現するためです。

たとえば現在の日本において、地震や水害などにより被害を被った人が公的な支援を受ける際には、罹災証明書を取得する必要があります。これは、支援が必要かどうかを判断するために、行政が罹災証明書の提出を求めているためです。

けれども、罹災証明書はあくまで住居の損壊状況などを示すものでしかありません。つまり現状の制度は、たとえば災害による怪我や生活困窮などにより支援が必要になっても、住居が破損していなければ、支援の枠組みからこぼれ落ちてしまう仕組みになっているのです。

また、現状の被災者支援は、基本的に被災者本人による申請があって、はじめて機能する設計です（これを申請主義といいます）。しかし、考えてみればわかるとおり、被害に遭い、これからどうすればよいのかわからなくなっている人も多いなか、被災者の誰もが申請をスムーズに行えるわけではありません。ましてや、日常からケアを必要としている高齢者や障害のある方などが、非常時に申請をそつなくこなせるかといえば、難しいのが現実ではないでしょうか。

なぜこのような問題が生じてしまっているのか。そこにはいくつかの理由が存在しますが、ひとつは、**日常において支援活動を行っている担い手**（**機関・組織**）**と、非常時に支援を行う担い手が異なっている**点にあるといえるでしょう。

日常において、たとえば高齢者や生活困窮者、障害のある方などを支援しているのは、地域の福祉サービス担当者やNPO職員などです。しかし、ひとたび災害が発生すると、そういった困難を抱える方も含めた全ての人に対する支援を、災害支援担当者が一手に担うことになります。

けれども日頃からケアを行っているわけではない人たちが、災害対応を行いながら、同時に、特別に困難な状況にある人たちへきめ細かい支援を行うのは、あまりにも難しいと言わざるをえません。だから罹災証明書による被害規模判断や、当事者による申請待ちなど、画一的な対応にならざるをえないのです。

そのようなことを背景にして、「社会保障のフェーズフリー化」を行ってはどうかという議論が起こっています。高齢者や障害者の介護、生活困窮者の自立支援など、日常時に社会保障の担い手として働く人や組織が、非常時には被災者支援に取り組むという仕組みを作るのです。もし日常において福祉に携わる既存の組織やチームが、災害時にも切れ目なく被災者支援に携われるようになれば、より個別のニーズに即した復興が可能となるはずです。

こうした仕組みづくりはまだこれからの部分がほとんどですが、2021年5月には災害対策基本法が改正され、自治体の努力義務として、高齢者や障害者など単独での避難が困難な人（避難行動要支援者）については、福祉専門職による個別避難支援計画の作成が必要と明記されるなど、事態改善に向けた兆しが見えはじめています。

社会保障を真にフェーズフリーにするためには、生活困窮者自立支援法、介護保険法、障害者総合支援法といった関連法の改正や予算編成が必要です。すぐに何かが変わることはないでしょう。しかし現在、「社会保障のフェーズフリー化」実現に向けて、市民団体や研究者などによる関係各所への働きかけが続いています。

そうしたフェーズフリー化に向けた働きかけは、農水政策や教育政策、環境政策などの領域においても同様に行われており、これからの動向を見守りたいところです。

災害は、弱い立場にある人を襲う

ここまで、主に日本のことを中心にお話ししてきました。ここで一度、世界にも目を向けてみましょう。

台風、豪雨や洪水、猛暑といった危機。当然のことながら、これらは日本だけでなく、世界各地で、ときには日本以上に深刻な被害をもたらしています。

「国土の3分の1が水没した」と言われる2022年パキスタンでの洪水をはじめ、中国やインド、フィリピン、リビアなどでの台風や水害、ギリシャやハワイ、カナダなどにおける熱波、山火事……。先進国だろうが開発途上国だろうが分けへだてなく、危機は容赦なく襲いかかってきます。

先進国すら十分とは言えない災害対策。ましてや途上国では、為す術もないと言っていいほどの状況です。パキスタンでは被災から約1年が経っても未だ復興の道筋が立たず、180万人もの人々が劣悪な衛生環境に置かれ、感染症や栄養失調などの健康被害に遭っていると言われています。[34]

こうした困難な状況下でも、特に途上国ではなかなか災害対策が進みません。なぜなら多くの国が優先するのは、インフラ整備や産業振興といった、国を発展させ国民の日常の生活を豊かにするための施策だからです。経済的に余裕がない状況であれば、なおのことです。

どんなに「100年スパンで考えて、水害や地震に備えましょう」と訴えても、人々がまず望むのは、経済的に発展し、日々の暮らしが豊かになること。「いつか起こるかもしれない災害」を防ぐためだけでは、途上国が貴重な資金を投じるモチベーションになりにくいのは当然です。

先に「日常を精一杯生きている人が、いつ訪れるかわからない非常時に対してコストを支払って備えるのは難しい」という話をしましたが、それは国単位でも同様なのです。そしてこれは言い換えれば、災害とは、社会的に弱い立場にある人にこそ猛威を振るうものなのだと言えるかもしれません。

日本が担える役割

日本は世界でも有数の災害大国。毎年のように起こる地震や水害、台風などさまざまな災害を乗り越え、復興を繰り返してきました。だからこそ日本が世界に向けてイニシアチブを取り、これからの新しい防災のあり方、「フェーズフリー」の考え方を広め、先進国も途上国も分けへだてなく、豊かで安心な生活を送れるようにすべきではないか――そう考えたのが、環境省でした。

キーワードは、気候変動による「気候危機」です。日本でも耳にする機会が増え始めているとおり、世界では今、「気候危機をいかに乗り越えるか」が非常に重要なトピックとなっています。日本に暮らしていると馴染みが薄いかもしれませんが、災害による被害は、世界では気候変動によってもたらされると認識されています。そうした気候危機に対する取り組みのひとつとして、**「フェーズフリー」を国際的に発信しようという動きがある**のです。

環境省によるフェーズフリーへの取り組みは、今にはじまったものではありません。環境省は2020年に、従来の取り組みの延長ではない大胆なイノベーションにより経済社会システムを変革することを目的に、環境大臣直属の「『選択と集中』実行本部」を創設しました。その重点政策として「平時にも災害時にも切れ目なく対応できる『フェーズフリー』技術の社会実装」と銘打ったことを皮切りに、フェーズフリーへの取り組みや発信が環境省で加速しているのです。

気候変動問題へのアプローチには「緩和策」と「適応策」の二種類があります。「緩和策」とはCO2削減や森林保全など、地球温暖化を抑制するための施策のこと、「適応策」とは地球温暖化によってもたらされる気候変動の影響に対処するための施策のことです。環境省は2022年に、この適応策に関する省内のワーキンググループとして、

「ADAPTMENT」を発足。地球環境や生態学、海洋保全政策、持続可能な開発、デザイン、防災などさまざまな領域の専門家が集まり、デザイン戦略や実践方法を考え、情報発信を行っています。筆者もチームの一員として末席に名を連ね、フェーズフリーの観点から気候変動に適応しつつも持続可能な開発を実現するための施策について提言しています。

また環境省では現在フェーズフリーそのものを国際的に発信しようというプロジェクトも進行しています。海外発信を目的とした英語サイトやコンセプトブックの制作が進んでいるのです（PHASE FREE for the WORLD）。本書を執筆している現時点では公開できる情報が少ないのですが、本書がみなさんのお手元に届く頃には、ある程度の情報が公開されているはずです。ぜひ調べてみてください[35]。

SDGsは達成可能か？

さて、フェーズフリーが「非常時」の範囲としているのは、何も自然災害だけではありません。本書でも述べたとおり、安定した日常から少しでも変化した場面は非常時と呼ぶことが可能です。そうした側面から考えれば、国連で採択された「SDGs（持続可能な開発目標）」においても、フェーズフリーが貢献できる役割は大きいと言えます。

ＳＤＧｓとは２０１５年に国連総会で採択された、持続可能でより良い世界を作るための国際目標のことです。「貧困をなくそう」「すべての人に健康と福祉を」「働きがいも経済成長も」といった全17の目標（ゴール）が掲げられており、開発途上国のみならず、先進国自身が取り組むべき普遍的な目標として、日本をはじめ世界の多くの国や企業などが、その実現に向けて多種多様な取り組みを進めています。

いまや（良い意味でも悪い意味でも）当たり前のように使われる言葉となったＳＤＧｓですが、改めて見直すと、それがいかに難易度の高いゴールかということがわかります。

たとえば「人や国の不平等をなくそう」という目標を達成するためには、開発途上国が先進国並みに発展する必要があります。しかし17の目標を本当に達成しようとするのであれば、ただ単純に発展するのみならず、一見して発展の対極である目標、すなわち「森の豊かさ」や「海の豊かさを守」り、「気候変動に具体的な対策を」打つ必要があります。これがとても難しいことであるのは、想像に難くないでしょう。経済的な発展を目指したとき、環境や気候変動への配慮や対策は、ある意味「コスト」として捉えられることが少なくないためです。

こうした、地球環境も経済成長も、どちらも大切にするという難しい課題を解決するにあたって、フェーズフリーが持つ「日常時も非常時も」という２つのフェーズを視野に入れる考え方はとても有効なものとなる。わたしはそのように確信しています。

日本国内においてもSDGsへの取り組みが当たり前になりつつあります。もしかすると読者のみなさんの中にも、社内でSDGsに関する取り組みを担当している方がいらっしゃるかもしれません。それらの取り組みを単なるCSRとして終わらせずに、いかに事業を成長させながら実現していくか。本書で紹介してきた内容を踏まえて考えていただけると嬉しく思います。

多様性が命と暮らしを守る

SDGsの話題が出ましたので、最後に近年、同じく重要なコンセプトである「多様性」というキーワードとフェーズフリーの関係についてお話しして終わりたいと思います。

SDGsが話題になる際には、同時に「ダイバーシティ（多様性）が大切だ」と語られることが少なくありません。勘違いしやすいのですが、SDGsが掲げる17のゴールの中に、「多様性」そのものを目標にしたものはありません。多様性が大事だとされているのは、「誰ひとり取り残さない社会」という、SDGs全体のコンセプトを実現するためには、「多様性」という視点が欠かせないからです。

社会は、多様性に富んでいるほど、しなやかに、強くなります。「誰ひとり取り残さないためには、多様性が重要である」。これを、フェーズフリーの視点から考えてみましょう。

私たちの暮らしは、働き方や家族のあり方、ジェンダーなど、さまざまな面において多様化の一途を辿ってきました。暮らしが多様化しているということは、それだけ、ニーズも多様化しているということでもあります。そしてそれは当然、日常だけに限った話ではありません。日常時にも非常時にも、一人ひとりに異なるニーズ、つまり「ユニーク（固有）」なニーズがあるということです。

これまでの「防災」は、言わば〝ひとつの正解〟を提示して、まるで「これさえ用意しておけば安心」と、非常用持ち出し袋とヘルメットを渡し、一律に「避難指示が出たら避難所へ」と促すようなものでした。しかし、これだけ人々の暮らしが多様化している中、画一的な備えだけで、暮らしを支え、命を守ることができるでしょうか。

非常時、誰かにとっての「贅沢品」は、他の誰かの暮らしにとっては必要不可欠なものかもしれません。たとえば、肌が弱い人にとっては必需品である柔らかいティッシュ、あるいは、体質によっては添加物が含まれない新鮮な食べ物などです。その他にも、一律に用意された備蓄品が、信仰上の理由などで利用できない人などもいるかもしれません。

非常時に「誰ひとり取り残さない」ためには、多様化したニーズを解決しなければならない。そのためには、特定の担い手に依存した画一的な「防災」ではなく、多様な人々の参加による、多様な解決策の提示が不可欠です。

災害対策をありとあらゆる人が参加する、多様性に富んだものにしていきたい。それにより、誰ひとり、災害で暮らしや命を損なうことがない社会を作りたい。フェーズフリーは、そうした願いを実現するために存在しています。ありとあらゆるものを備えるのは難しくても、ありとあらゆるものをフェーズフリーにすることは可能です。そうすれば、多様化した非常時のニーズにも対応できます。災害対策という面においても多様性は欠かすことができないのです。

本章の冒頭でも述べたとおり、フェーズフリー自体は、何も珍しいものではありません。目を凝らせば、昔から身近にあった存在です。私たちの身近なところから「これってフェーズフリーじゃない?」「こうすればフェーズフリーになるよね」と、気づきの連鎖を起こしていけば、一つひとつのインパクトは小さくても、やがて大きなイノベーション……「災害で誰ひとり悲しむことのない未来」をつくることができるでしょう。そしてその気づきの中心には、この本を手に取ってくれたあなたがいるはずです。

32 「「フェーズフリー」な食を手掛かりに。」料理通信（２０２２年８月16日）
https://r-tsushin.com/sdgs/saigaijinoshoku_03/#page-6

33 「災害時の混乱を回避する施策　～餅は餅屋の災害対応～」安心安全情報ｐｅａｃｅ ｏｆ ｍｉｎｄ（２０２１年７月）
https://www.itscom.co.jp/safety/interview/762/

34 「汚水のそばで１８０万人が生活：パキスタン大洪水から８カ月（前編）」AAR JAPAN https://aarjapan.gr.jp/report/9586/

35 PHASEFREE for the WORLD https://phasefree.world/（２０２３年12月25日公開）

おわりに

「弱さを認める」ことから始めたい

本書を執筆しているあいだにも、日本のみならず世界各国で毎月のように災害が起こり、多くの方が犠牲となっています。戦争という人災を含めれば、その被害はさらに広がります。

「どうして災害は繰り返されてしまうのだろう？」

ずっと、わたしは考えつづけてきました。どうしたら一人でも多くの人に、防災に取り組んでもらえるのか。「もしも」を想像してもらえるのか。――考えて考えて、そして、あきらめました。そう、フェーズフリーは「あきらめ」から始まったのです。

備えなければ「ならない」。災害を防がなければ「ならない」。しかし、「せねばならない」ばかりでは、人の心は動きません。防災が広まらず、災害が繰り返されてしまうのは、現状の防災が人々の「危機意識」や「良心」に訴えるものばかりで、「魅力的な提案」になっていないからです。

世の中には防災よりも魅力的で、人々の心を惹きつける提案が、大量に溢れています。私たちの暮らしや生活を豊かにしてくれる、多種多様な商品やサービス。これらが存在するのは、様々な企業などが日々、しのぎを削りながら様々な提案を行っているからであり、そこに価値を感じたユーザーたちによってもたらされた利益から、新たな商品やサービスが生まれるというサイクルが存在しているからです。そして、そうしたサイクルが生まれているのは、人間が「より豊かに、快適に」という、根源的な欲求を持っているからでしょう。

本書では「災害」が生まれるのは、そこに「脆弱性」が存在するからであるという話を何回もしてきました。この「脆弱性」も、ある意味、そうした人間の根源的な欲求から生まれていると言えるかもしれません。人間が電車を開発しなければ脱線事故は起こらなかったでしょうし、人間が都市を開発しなければ地震によるビル倒壊なども起こらなかっただろうと言えるからです。

そう考えると、「災害」とはある種、人間の本質と切り離せない存在なのかもしれません。

東日本大震災のとき、これほどの惨劇はもう二度とあってはならないと誰もが考えたでしょう。しかし、あの時に抱いた危機感や恐怖感、課題感を、今も変わらず保ち続け、行動につなげられている人は、多くありません。衝撃や苦しみは少しずつ薄れ、時が経てば忘れるもの。人は辛いことを忘れるからこそ、前へ進めるのも確かです。その不完全さが人間の性（さが）であり、人間らしさでもあるのです。

では、どうすれば繰り返す災害という問題を解決できるのか。もちろん、そうした人間の本質や弱さなどを否定するというアプローチも、考えることは可能です。「豊かさや便利さだけを追い求めていてはいけない！」「あらゆる欲求を手放し、命を最優先しよう」と訴え続けるのです。しかし、それを実現するのは現実的ではありませんし、したくもありません。

であるならば、どうしようもなく弱くて、判断ミスを犯してしまう人間と、その人間がつくった、どうしようもない弱さを秘める社会、このふたつを認め、その上で機能する仕組みをつくろう。根底にある本質的な欲求や弱さが、結果として人々の命や暮らしを守ることにつながる仕組みをつくろう。そうやって考えて考えて、考えて、考え抜いた先に辿り着いたのがフェーズフリーでした。

価値観やライフスタイル、ニーズなどさまざまなものが多様化する中で、誰もが認める「共通の価値」をつくるのは難しくなってきています。けれども「人間の暮らしや命を守る」という点、それだけに関しては、どんな人でも賛同してくれるでしょう。

だからこそ、「日常の暮らしを豊かにしてくれるもので、非常時に命や暮らしを守る」というフェーズフリーのコンセプトを取り入れた商品やサービスは、多くの人に支持されやすいのです。

「売れる商品やサービスをつくりたい」「目新しいアイデアを考えたい」といった現実的な理由でもかまいません。どんな動機であったとしても、一人でも多くの方がこのプラットフォームに参加してくだされば、それは「安心して豊かに暮らせる未来」を実現するための力になります。

本書が少しでも、そうした取り組みにつながることを願っています。

2024年2月
佐藤唯行

本書内容に関するお問い合わせについて

このたびは翔泳社の書籍をお買い上げいただき、誠にありがとうございます。弊社では、読者の皆様からのお問い合わせに適切に対応させていただくため、以下のガイドラインへのご協力をお願い致しております。下記項目をお読みいただき、手順に従ってお問い合わせください。

●ご質問される前に

弊社Webサイトの「正誤表」をご参照ください。これまでに判明した正誤や追加情報を掲載しています。

正誤表　https://www.shoeisha.co.jp/book/errata/

●ご質問方法

弊社Webサイトの「書籍に関するお問い合わせ」をご利用ください。

書籍に関するお問い合わせ　https://www.shoeisha.co.jp/book/qa/

インターネットをご利用でない場合は、FAXまたは郵便にて、下記"翔泳社 愛読者サービスセンター"までお問い合わせください。

電話でのご質問は、お受けしておりません。

●回答について

回答は、ご質問いただいた手段によってご返事申し上げます。ご質問の内容によっては、回答に数日ないしはそれ以上の期間を要する場合があります。

●ご質問に際してのご注意

本書の対象を超えるもの、記述個所を特定されないもの、また読者固有の環境に起因するご質問等にはお答えできませんので、予めご了承ください。

●郵便物送付先およびFAX番号

送付先住所　〒160-0006　東京都新宿区舟町5

FAX番号　03-5362-3818

宛先　（株）翔泳社 愛読者サービスセンター

構成
大矢幸世

ブックデザイン
加藤賢策（LABORATORIES）

DTP
BUCH+

著者紹介
佐藤唯行（さとう・ただゆき）

社会起業家/防災・危機管理・地域活性アドバイザー/フェーズフリーファウンダー。国内外で多くの社会基盤整備および災害復旧・復興事業を手掛け、世界中で様々な災害が同じように繰り返されてしまう現状を目の当たりにしてきた。その経験・研究に基づき、防災を持続可能なビジネスとして多角的に展開。その一つとしてフェーズフリーを発案し世界ではじめて提唱、フェーズフリーの推進において根源的な役割を担う。フェーズフリー協会ほか複数団体の代表。

SHOEISHA iD メンバー購入特典（183ページ記載）
特典ファイルは、以下のサイトからダウンロードして入手いただけます。
https://www.shoeisha.co.jp/book/present/9784798176734
特典ファイルは圧縮されています。ダウンロードしたファイルをダブルクリックすると、ファイルが解凍され、ご利用いただくことができます。
※ 会員特典データのダウンロードには、SHOEISHA iD（翔泳社が運営する無料の会員制度）への会員登録が必要です。詳しくは、Web サイトをご覧ください。
※ 会員特典データに関する権利は著者および株式会社翔泳社が所有しています。許可なく配布したり、Web サイトに転載することはできません。
※会員特典データの提供は予告なく終了することがあります。あらかじめご了承ください。

フェーズフリー 「日常」を超えた価値を創るデザイン

2024 年 3 月 11 日 初版第 1 刷発行

著者
佐藤 唯行

発行人
佐々木 幹夫

発行所
株式会社 翔泳社（https://www.shoeisha.co.jp）

印刷・製本
日経印刷 株式会社

本書へのお問い合わせについては、207ページに記載の内容をお読みください。
造本には細心の注意を払っておりますが、万一、乱丁（ページの順序違い）や落丁（ページの抜け）がございましたら、お取り替えいたします。03-5362-3705 までご連絡ください。

ISBN978-4-7981-7673-4
Printed in Japan